KB054538

내 감정은 내가
지키겠습니다

每個人都有病：這個社會是沒有圍牆的「精神病院」by 王國華
Copyright ⓒ 2019 Far Reaching Publishing Co. Ltd.
All rights reserved.
The Korean Language translation ⓒ 2020 DARUNSANGSANG
The Korean translation rights arranged with Far Reaching Publishing Co. Ltd.
through EntersKorea Co. Ltd., Seoul, Korea.

이 책의 한국어판 저작권은 (주)엔터스코리아를 통해 대만 Far Reaching Publishing
Co. Ltd.와 계약한 다른상상에 있습니다. 저작권법에 의하여 한국 내에서 보호를 받는
저작물이므로 무단 전재와 무단 복제를 금합니다.

내 감정은 내가
지키겠습니다

매일 흔들리는 나를 위한 심리 처방

왕궈화 지음 ― 유연지 옮김

프롤로그

누구에게나 아픔은 있습니다

누구나 하나쯤 나쁜 감정 습관을 가지고 있습니다

우리는 저마다 마음의 아픔을 갖고 있습니다. 병든 현대사회에서 어찌 보면 당연한 일인지도 모릅니다. 제가 말하는 아픔이란 심각한 '정신병'이 아닙니다. 징후를 알아차리기 어려운, 가벼운 '마음의 병'입니다. 우울함, 초조함, 자괴감, 욕심, 의심, 우유부단함, 후회 등 인간의 어두운 감정들 중 단 하나도 갖고 있지 않은 사람이 있을까요? 불쌍한 척하는 것으로 위기를 모면하거나 대범한 척, 아무래도 상관없는 척하지 않아본 사람이 몇이나 될까요? 이런 사소한 행동들의 저변에는 방어기제가 깔려 있습니다. 그리고

이 방어기제들이 각자 고유한 마음의 병을 일으킵니다.

예를 들면, 고통스러운 상황에서 매번 그 원인을 자신에게서 찾는 사람들이 있습니다. 그런 사람들은 자기 잘못을 한없이 늘어놓습니다. 그래서 상대가 자신의 행동을 하나부터 열까지 나무라게 만듭니다. 이들은 일이 어그러진 이유를 모두 자기 잘못으로 돌립니다. 타인의 잘못이 확실한 경우에도 그들은 여전히 스스로를 책망할 이유를 찾습니다. 이처럼 자초지종을 따지지 않고 모든 잘못을 자신의 탓으로 돌리는 것은 흔히 볼 수 있는 마음의 병입니다.

이러한 행동이 겸손한 태도 아니냐고요? 왜 마음의 병이냐고요? 그 이유는 그런 행동에 다른 의도가 있기 때문입니다. "다 내 탓이야"라고 말해버리면 비난의 화살을 쏘려던 상대가 차마 더 비난을 하지 못합니다. 또한 전후 사정을 모르는 제3자에게는 마치 '너른 마음씨'를 지닌 사람, 책임감이 강한 사람, 상대의 허물을 덮어주는 대인배처럼 보입니다. 자신을 책망하는 게 습관이 된 사람들은 바로 이 점을 노리는 것입니다.

아픈 내 마음은 내가 달래야 합니다

《내 감정은 내가 지키겠습니다》는 독일의 심리학자이자 정신 분석학자인 카렌 호나이(Karen Horney)가 쓴 《우리 시대는 신경 증일까?》(The Neurotic Personality of Our Time)라는 책 속의 심리 어록 중 일부를 발췌 번역하고 재해석한 책입니다. 누구에게나 내재되어 있는 64가지 마음의 병을 소개하고 왜 그러한 행동을 하는지 분석했습니다. 그 과정을 통해 우리 내면에 감추어진 방어기제를 보여줌으로써 겉으로는 온전해 보이는 사람들의 마음에도 어두운 면이 존재함을 일깨워줍니다.

아픔이 없는 사람은 단 한 사람도 없습니다. 누구든 고통스러운 감정 습관을 적어도 하나쯤은 가지고 살아갑니다. 매사 도망치려고만 하거나, 끊임없이 자기를 비하하거나, 화를 억누르기만 하거나, 상대를 바꿔가며 누구에게든 의존하려 하거나, 남을 지나치게 믿거나, 이와 반대로 과하게 의심하거나…. 그러니 괜찮습니다. 그저 다른 사람과 마찬가지로 내게도 벗어던지고 싶은 마음 습관이 한 가지쯤 있을 뿐입니다. 수많은 마음의 병 중 자신에게 해

당하는 것이 무엇인지 점검해보고 해결책을 실천하면 됩니다. 중
요한 건 반복되는 내 문제를 마주하고 인정하는 겁니다. 내 감정을
스스로 지키기 위해 해야 할 일 중 그게 가장 어려운 일이니까요.

제1부
도망치는 건 아무것도 해결해주지 않아요

헝가리 속담에 이런 말이 있습니다.
"도피는 부끄럽지만 매우 유용한 도구다."
그러나 도망치는 게 당장 아무리 효과적인 방법이라고 해도,
그래서 많은 사람들이 일단 문제를 회피하는 데 급급해도,
'도망치기'를 선택할 때는 신중해야 합니다. 도피는 말 그대로
피하는 것일 뿐 아무것도 해결해주지 않으니까요.
도망치기는 가능하면 아껴두어야 하는 최후의 방법입니다.

1. '난 못해요'라는 말만 반복한다면

당신은 그저 피하고 있는 거예요,
"난 못해"라는 말 뒤에 숨어서

　독립적으로 사고하는 사람들은 남들로부터 비판받을 거라고 예상하면서도 해야 할 것은 하고, 그러한 타인의 비판도 잘 수용합니다. 그래서 자기 성찰을 하는 사람들은 날아오는 어떤 비판도 받아들일 준비가 되어 있습니다. 그렇기에 주저함 없이 자신의 주장을 펼칠 수 있는 것이죠.

　하지만 늘 누군가에게 의존해서 사는 사람들은 어려운 상황을 맞닥뜨리면 '어찌할 도리가 없는 걸'이라고 생각하며 도망칩니다. 그리고 '난 못해'라는 태도로 모든 걸림돌을 피하기만 하죠.

시도해본 적이 없는데 어떻게 '못한다'는 걸 알죠?

"난 못해" 혹은 "난 안 할래"라고 말하는 것은 우리가 원치 않는, 그리고 직면할 용기가 없는 어려움을 만났을 때 취할 수 있는 가장 간편한 방법일 뿐이에요.

아주 간단한 방법으로 정직하게 자신의 부족함을 인정해버리는 거죠. 하지만 아무리 정직한 행동이라고 해도 결국 마주한 상황으로부터의 '후퇴'이자 자신의 한계에 도전하지 않는 '탈출'에 불과합니다.

그래요. 어떤 일이 정말 우리의 능력 밖의 일이라고 칩시다. 그런데 시도해보지도 않고 할 수 없을 거라는 걸 대체 어떻게 알 수 있죠?

오늘 들인 노력이 내일에 도전하는 힘이 됩니다

인생을 신이 나에게 준 시험지라고 생각해봅시다. 이 시험지는 질문들로 채워져 있죠. 그중에는 어떻게 답해야 할지 알 수 없는 질문들도 있습니다. 대부분의 사람들은 대답하기 곤란한 몇몇 질문에는 답안지를 비워둔 채 넘어가려고 하지요.

하지만 정반대의 선택을 할 수도 있어요. 내가 가진 지식을 총동원해서 답을 찾으려고 애써보는 거예요. 질문에 어떻게 답할지 궁리조차 해보지 않는다면 우리는 그저 아무것도 나아지지 않은, '0'의 상태에 머무를 수밖에 없어요. 하지만 답을 찾으려는 시도를 해본다면, 비록 정답이 아니라도 그 답을 찾는 과정에서 쏟았던 노력이 인생의 다른 시험, 다른 문제를 만났을 때 주저없이 답을 써내려갈 수 있는 힘이 되어 돌아올 겁니다.

2. 어떻게든 도망치고 싶은 마음뿐이라면

인간은 누구나 믿을 수 없을 만큼 나약합니다

놀랍게도 사람은 누구나 스스로 '나약한 존재'가 되려는 무의식을 갖고 있습니다. 일상생활뿐 아니라 일을 하면서도 우리는 무심코 스스로 나약해지려고 합니다. 많은 이들이 자신이 해결할 수 없을 것 같은 문제와 맞닥뜨리는 순간 어떻게 문제를 해결할 것인지 방법을 찾아보는 것이 아니라 어떻게 도망칠지부터 생각합니다.

진정한 불치병은 현실을 직시하지 않고
도망치려는 마음입니다

제힘으로 해결하기 어려운 문제에 직면하기만 하면 한때 앓았던 사소한 질환이 순식간에 큰 병이 되기라도 한 듯 몸져눕는 사람들이 있습니다. 의사를 찾아가고 자신이 큰 병에 걸렸을지도 모른다는 상상을 하며 곧 자신의 병이 확진될 거라고 생각합니다. 설령 확진으로 이어지지 않았더라도 주변 사람들에게 자신의 몸이 좋지 않아서 언제든 큰 병에 걸릴 수 있다고 강조합니다.

왜냐하면 그래야만 자신이 '힘든 상태'라는 것을 알릴 수 있으니까요. 더불어 병상에 누워 있을 명분을 얻게 되고, 해결할 수 없는 문제에서 잠시나마 벗어날 수 있을 테니까요.

이런 식으로 자신이 큰 병에 걸렸기를 소망하는 이들에게 병원은 그저 '현실도피처'에 불과합니다. 그리고 걸핏하면 별것 아닌 사소한 질환을 불치병으로 확대 해석하는 이들이 앓고 있는 진짜 불치병은 현실을 직시하지 않고 무조건 피하려 드는 '도피 심리'입니다.

이 세상에 종말이 찾아와도 내 일은 내 책임입니다

'내일 세상에 종말이 찾아오면 정말 하기 싫은 일, 하지만 꼭 해야 하는 이 일에서 해방될 수 있겠지?' 누구나 한 번쯤 이런 생각을 해봤을 것입니다. 이런 '도피 심리'는 스트레스를 줄여주기도 합니다. 이따금 이런 마음을 갖는다고 큰 문제가 생기는 것도 아니고요.

그렇지만 중요한 건 세상의 종말은 쉽게 찾아오지 않는다는 것입니다. 당신이 기대했던 '세상의 종말'이 찾아오지 않는 이상 내일의 태양은 떠오를 것이고, 결국 당신은 오늘 회피했던 일들과 다시 마주하게 될 것입니다. 어쨌든 매번 세상의 종말이 찾아와줄 수는 없으니까요.

그러니 도망치지 말고 할 수 있는 만큼 당신의 일을 하세요. 아주 잘 해낼 필요도 없습니다. 그저 하기만 하면 됩니다.

3. 의존하는 습관에 길들어 있다면

타인에게 자기 인생을 맡기려 하나요?

어떤 사람들은 누군가 자기 대신 선택을 하고 자기 인생을 책임져주기를 바랍니다. 그들은 자기 인생의 주인이 되려 하지 않고, 자기 인생의 승패를 남의 손에 맡기거나 다른 사람이 자기 운명을 결정하도록 내버려둡니다. 그들은 누군가 삶의 목표를 제시해주지 않으면 스스로 숨을 쉬는 법도, 일을 하는 법도, 더 나아가 삶을 사는 법도 모른다고 말합니다. 그렇기 때문에 그들은 비관적인 생각과 우울한 감정이 휘몰아치면 가장 먼저 누군가 나타나 자신에게 해결 방법을 일러주기를 기대하고, 심지어 타인에게 우울한 자기 인생 전부를 책임지라고까지 말합니다.

의존을 당연하게 생각하는 사람은 '기생충'

매사 타인이 자기 대신 선택해주고 책임져주길 바라는 사람은 상대가 일상과 업무에서 더이상 당신에게 도움을 줄 수 없다고 말하는 순간 자기 스스로의 힘으로는 살아갈 수 없다고 좌절합니다.

솔직히 이런 사람은 고민하는 것을 귀찮아하고 책임지는 것을 싫어하는 '기생충'이나 다름없습니다. 습관적으로 남에게 의존하고, 빈대처럼 붙는 사람은 어느새 자신의 그런 행동과 상대의 호의를 당연시합니다. 그러다 언젠가 상대가 더 이상 "빌붙지 마라", "기대지 마라" 하고 말하면, 그때부터 상대를 원망하는 말을 쏟아내기 시작합니다. 한마디로 식당에서 제공하는 무료 시식 음식을 실컷 배부르게 먹어놓고 음식이 맛없다고 불평하는 격이지요.

나를 구할 사람은 나밖에 없습니다

사실 누구나 삶이 고달플 때, 인생의 좌절감을 느낄 때 곁에 의지할 수 있는 사람이 있어주기를 바랄 것입니다. 하늘이 무너져도 곁에서 나를 잡아주고 일으켜줄 사람이 단 한 명만 있으면 기운이 나는 법이지요.

하지만 매번 남에게 의지할 수는 없습니다. 하늘이 무너질 것 같다고 해서 누군가 매번 나를 일으켜주기 위해 곁을 지켜줄 수도 없고요. 그러니 그보다는 나 자신이 누군가에게 의지가 되는 사람, 누군가를 일으켜줄 수 있는 능력을 가진 사람이 되도록 노력해보세요. 그렇게 단단해지면 자기 자신을 구할 수 있고 타인까지 도울 수 있을 겁니다.

4. 감정적으로 화풀이한다면

타인은 당신의 감정 쓰레기통이 아닙니다

어떤 이들은 화를 표출함으로써 내면의 불만을 해소하면서도 자신이 무엇 때문에 화가 났는지는 알려주지 않습니다. 어떤 경우에는 진짜 자신을 화나게 한 사람 대신 아무 상관도 없는 사람에게 화를 터뜨리곤 합니다. 이는 모두 무심결에 내면의 불만을 표출하기 때문입니다.

매일 밤 술집에서 접대하느라 바쁜 남편이 있습니다. 그의 아내는 가정에 소홀한 그를 원망하면서도 그에게는 화를 내지 못합니다. 대신 매일 그녀의 비서를 나무라며 괴롭힙니다. 이 여성은 비서를 자신의 부정적인 감정을 버리는 쓰레기통처럼 여기고 있는 것입니다.

누구나 제 눈에 만만한 사람에게만 화풀이하기 마련입니다

책망하고 싶은 상대는 정작 따로 있으면서 상관없는 사람에게 화를 쏟아내는 사람들. 그것이 자신을 화나게 만든 사람을 향한 간접적인 불만의 표출이건, 무의식적인 분노 표출이건 모두 상대가 만만하고 자신보다 약자이기 때문에 그러는 것입니다. 어쩌면 이 말에 동의하지 않는 사람들도 있을 것입니다. 그런 사람들은 이렇게 말하겠지요. "그냥 화가 나서 화를 내는 것뿐이야. 뭐가 무서워서가 아니라"라고 말입니다. 하지만 정말 두려울 것이 없다면 왜 당사자에게 직접 자신의 불만을 토로하지 못하나요?

감정과 일을 분리하세요

우리 주변에도 종종 '갑'에 대한 불만을 다짜고짜 '을'에게 터뜨리는 일이 많습니다. 가장 익숙한 예로 회사에서 받은 스트레스를 퇴근 후 자신의 배우자나 아이에게, 혹은 가정에서 배우자와 말다툼한 후 회사에 출근해서 그 스트레스를 자신의 동료와 부하 직원에게 푸는 경우를 들 수 있습니다. 이렇게 타인을 감정적으로 대하며 화풀이하는 상황을 만들지 않으려면 감정과 일을 분리해야 합니다.

회사에서 받은 스트레스와 가정의 일은 별개입니다. 마찬가지로 가정에서 받은 스트레스와 회사의 일도 별개지요. 각각의 장소에서 적절하게 스트레스 상황을 해결할 수 없다면 적어도 '을'에게 그 스트레스를 푸는 일만은 피해야 합니다.

5. 부정적인 감정을 억누르고 있다면

감정을 억누르는 만큼 불쾌감은 축적됩니다

우리는 스스로 선택하고 결정할 수 있는 어른임에도 타인의 비난에 압박감을 느낍니다. 두려움 때문일까요? 아니면 세상을 너무 잘 알기 때문일까요? 또 우리가 타인의 비난을 받아들이는 것은 무능해서일까요? 아니면 겸손해서일까요?

타인의 비난을 제대로 방어하지 못하고 적절한 순간에 내 의견을 피력하지 못한다면, 당신은 그 답답함에 숨이 막힐 듯한 기분을 느끼게 됩니다. 그런 상황이 오래도록 계속된다면 우울증으로 이어질 수도 있습니다.

불편한 감정이 들면 직접 말로 표현하세요

오랫동안 당신을 괴롭힐 수 있는 불쾌함과 답답함을 해소하는 가장 간단한 방법은 타인에게 비난을 받았을 때 그 자리에서 바로 당신의 감정을 표현하는 것입니다. 그의 질책에 조금이라도 불편한 느낌이 들었다면 말입니다. 물론 누군가는 이를 두고 철없는 행동이라고 말할지도 모릅니다. 그렇다면 세상의 시선과 타인의 기분에 맞추기 위해서 우리가 느끼는 모든 불쾌한 감정을 마음속에 꾹꾹 눌러 담은 채 살아야 한다는 건데, 정말 그럴 수 있나요?

그 자리에서 불만을 발산하는 것이 꼭 최선은 아닙니다

가끔 우리는 인간관계를 유지하기 위해 자신을 향한 타인의 비평과 질책 앞에서 감정을 억누르는 편을 선택하기도 합니다. 하지만 오랫동안 감정을 억누르면 결국 자신의 정신 건강만 해칠 뿐입니다.

억압된 감정을 해소하고자 매번 그 자리에서 불만을 표출하라는 말은 아닙니다. 누군가로부터 비난과 질책을 받았다면 자신을 비난한 사람과 대화를 해보세요. 그 과정에서 '난 그런 사람이 절대 아니다'라는 점을 강하게 피력하고, 나아가 그 상대와 원만한 관계로 지내는 것이야말로 억눌린 감정을 해소할 수 있는 가장 좋은 방법입니다.

ATTENTION
PLEASE

6. 후회만 반복하고 있다면

변화하는 것보다 후회하는 게 더 쉽기 때문입니다

어떤 사람이 일을 다 해놓고 후회를 하거나, 일을 제대로 하지
못해서 후회하고 있다고 가정해봅시다. 그 상황을 만회하고 싶다
면 적극적으로 나서서 그 일을 다시 잘 해내거나, 반성하기 전에
일을 하는 과정에서 조금이라도 나은 쪽으로 변화를 주려고 노력
해야 할 것입니다.

하지만 과거에 자신이 임했던 태도를 바꾸려고 결심한 순간
우리는 그것이 엄청나게 어려운 일이라는 것을 깨닫게 됩니다. 스

스로를 바꾸는 건 그렇게 어려운 일입니다. 그래서 우리는 변화하여 상황을 해결하기보다는 그냥 주저앉아 과거를 후회하는 쪽을 선택하고는 합니다. '반성만 하고 변화하지 않는 것'과 '스스로 달라지는 것' 중 전자가 후자보다 훨씬 쉽기 때문입니다. 전자는 말만 하고 굳이 힘들게 무언가를 할 필요가 없지만 후자는 반드시 행동으로 옮겨야 하니까요.

후회함으로써 자신에게 면죄부를 주기도 합니다

누구나 마음속으로 후회를 해봤을 것입니다. 그러나 아이러니하게도 우리는 진심으로 후회하고 나서도 여전히 후회할 일을 저지릅니다. 왜냐하면 일이 벌어지고 나서 후회하는 것이 일이 벌어지지 않도록 먼저 스스로를 변화시키는 것보다 훨씬 편하고 쉽기 때문입니다.

후회하는 동안에는 오히려 마음이 편안해지는 경향이 있습니다. 자신이 해내지 못한 일을 후회하며 '자신을 돌이켜볼 기회'로 삼는다는 명분을 얻을 수 있기 때문입니다. 그렇게 자신에게 면죄부를 주는 것이죠.

매일 반복하는 후회에는 약도 없습니다

이 세상에 약도 없는 병이 바로 '후회'입니다. 어떤 일을 후회한다고 해서 그 일을 만회할 수도, 돌이킬 수도 없습니다. 사실 길고 긴 인생의 여정에서 후회할 일을 전혀 하지 않고 산다는 것은 불가능한 일입니다. 그리고 오늘 우리가 후회하는 일의 대부분은 어제 스스로 그러지 말자고 굳게 다짐했던 일들입니다.

하지만 노력하면 후회할 일도 최소한으로 줄일 수 있습니다. 가장 간단한 방법은 바로 어떤 일을 결정하기 전에 스스로에게 묻는 것입니다. '5년 혹은 10년 뒤 지금 하려는 일을 돌이켜봤을 때 후회하지 않을 수 있을까?'라고 말입니다. 만약 후회할 것 같다는 느낌보다 후회하지 않을 것 같다는 느낌이 더 강하게 든다면 도전하면 됩니다. 아니라면 과감하게 포기하고 고민도 접어버리세요.

7. 현실로부터 도망치려 한다면

위협을 느낄 때 도망치는 건 본능입니다

짐승들은 안전을 위협받을 때 필사적으로 반격을 하거나 도망치려고 합니다. 사람 역시 마찬가지입니다. 우리는 천둥과 번개로 인해 다칠 것을 우려해 지붕에 피뢰 설비를 합니다. 또 예기치 못한 일, 만일의 상황에 대비하기 위해 보험에 가입합니다. 이렇듯 인류의 문화에는 두려운 일을 방어하려는 특수한 행위들이 존재합니다. 종교도 그중 하나입니다. 인류는 죽음의 공포로부터 벗어나기 위해 마음에 안식을 주는 종교 의식을 만들었습니다.

내면의 방어기제가 작동하기 시작하면
도망칠 수밖에 없습니다

우리 내면의 방어기제는 우리가 두려움을 느끼는 순간 자동으로 발동합니다. 내면의 방어기제가 작동한다는 것은 현재 자신이 두려워하는 일을 직시할 수 없거나 맞설 수 없는 상태임을 의미합니다. 이런 상황에서 우리는 가장 먼저 걷잡을 수 없이 몰아치는 공포로부터 도망치기를 선택합니다.

헝가리 속담에 '도망치는 것은 부끄러운 일이지만, 도움이 되기도 한다'라는 말이 있습니다. 물론 남용하지만 않는다면 도망을 치는 것이 정말 유용할 때도 있습니다. 직접 부딪치는 것보다 잠시 물러나 있는 것이 더 나은 경우는 분명 있으니까요. 그렇기 때문에 많은 사람들이 '도망치는 것은 부끄러운 일이지만 때론 도움이 되기도 한다'는 말에 수긍하는 것입니다.

부딪쳐야 할 문제라면 언젠가는 부딪치기 마련입니다

도망치는 것이 정말 도움이 될까요? 어둠의 공포로부터 벗어나기 위해 헤드램프를 쓴다 해도 어둠이 완벽히 사라지지는 않지요. 게다가 매번 도망칠 수는 없습니다. 반드시 부딪쳐야 할 문제라면 결국 언젠가는 부딪칠 수 밖에 없기 때문입니다.

더 이상 피할 수 없는 상황이 되면, 우리는 결국 내면의 방어기제를 마주해야 합니다. 내가 무엇으로부터 도망치려 했는지 살펴보고 더 이상은 도망칠 수 없다는 걸 인정해야 합니다. 그리고 작동 중인 방어기제를 내려놓고 현실을 있는 그대로 받아들여야 합니다. 정말로 큰 용기가 필요한 일이지요.

8. 끊임없이 자신을 비하한다면

열등감에 사로잡혀 자기 비하를 하는 사람들

천부적인 재능을 가진 사람 중에 간혹 스스로를 우둔하기 그
지없다고 여기는 이들이 있습니다. 또 절세 미녀들 중 스스로를 못
생겼다고 생각하는 이들도 있습니다.

이들의 이해하기 어려운 열등감은 크게 두 가지 형태로 나타
납니다. 첫째, 자기 상상 속의 결함을 사실로 여기고 불안해하며 안
간힘을 써서 감추려고 하는 사람들이 있습니다. 둘째, 인간에겐 당
연히 결함이 있을 수 있다고 생각하면서도 다른 사람의 관심을 끌

기 위해 '나는 부족하다'라는 메시지를 계속 던지는 사람들이 있습니다. 많은 것을 갖추었는데 겸손하기까지 하다는 명성을 얻기 위해서 말입니다.

자기 비하는 겸손보다는 위선인 경우가 많습니다

선천적으로 똑똑한 사람이 스스로를 멍청하다고 말하는 것이나, 꽃처럼 아름다운 여인이 스스로를 추녀라고 말하는 것 모두 자기를 비하하는 것입니다. 하지만 우리는 이런 표현이 스스로를 평가절하하는 척하는 행동, 즉 가식이라는 것을 알고 있습니다. 입만 열면 '나는 가난하다'라고 말하는 억만장자의 말이 진실로 들리지 않는 것처럼 말입니다. 하지만 그들은 계속 그런 행동을 합니다. 그 이유는 선천적으로 많은 것을 갖고 태어난 사람이 '아직 부족합니다'라고 말하면 '매우 겸손한 사람'이라는 이미지를 얻을 수 있을 거라 생각하기 때문입니다.

겸손과 위선의 차이는 태도에서 나옵니다

그럼 겸손과 위선은 어떻게 구분할 수 있을까요? '저는 아직 부족한 사람입니다'라는 말이 왜 어떤 이에게는 겸손이 되고, 다른 어떤 이에게는 위선이 되는 걸까요?

그것은 당신이 '저는 아직 부족한 사람입니다'라고 말할 때의 태도가 상대에게 진심으로 느껴지냐, 아니면 말만 번지르르한 가식적인 태도로 보이느냐에 달려 있습니다. 결국 중요한 건 진심 어린 태도입니다.

덧붙여, 당신의 겸손이 진심에서 우러나온 것이라면 다른 사람이 당신의 겸손을 위선이라고 말한들 그에 휘둘릴 이유가 무엇이 있겠습니까?

제2부
누군가를 사랑하는 진짜 이유

솔직히 말하자면 모든 사람에게 가장 중요한 건
자기 자신입니다. 무슨 일을 하든 그 배후에는 자신을 돌보는
마음이 숨어 있죠. 인간 본성의 어두운 측면입니다.
'누군가를 위해서'라는 표현은 사회생활에 필요한
'접대성 멘트'일 뿐이죠.
만약 당신이 다른 누군가를 걱정하고 돌보는 데에
당신의 시간을 투자하고 있다고 생각한다면,
그게 진심이든 거짓이든 상관없이
당신은 인간의 본성에 대해 잘 모르는 사람임이 틀림없습니다.

9. 내 마음 몰라주는 그 사람 때문에 억울하다면

당신이 주는 도움은 대부분 그들이 원한 게 아닙니다

우리는 종종 자기 뜻대로 다른 사람들을 챙깁니다. 심지어 자신을 희생하면서까지 다른 사람들을 돌보기도 합니다. 그런데 정작 그 결과는 바보 같은 경우가 많습니다. 우리는 항상 내가 남을 신경 써주는 만큼 남도 나에게 신경 써줄 거라고 생각하며 배려하는 행동을 하지만, 정작 상대에게 정말 필요한 게 무엇인지, 나의 배려가 그에게 필요한 것인지는 깊이 생각하지 않습니다.

예를 들면 많은 아내들은 스스로 남편을 매우 신중히 배려하고 있다고 생각합니다. 하지만 이는 매우 주관적인 생각입니다. 남편이 일이나 친구에게 더 많은 에너지를 쏟는 모습을 보이는 경우, 배려심 가득했던 아내의 마음에는 억울함과 불만, 그리고 억압된 감정들이 생겨날 테니까요.

자녀와의 관계도 마찬가지입니다. 아이를 끔찍이 사랑하는 엄마는 아이의 행복을 위해 헌신합니다. 하지만 여기서 비롯된 과잉보호가 필연적으로 자녀로 하여금 엄마로부터 독립된 생활을 동경하게 만든다는 사실은 깨닫지 못하죠.

당신의 사랑이 다른 사람에게 방해가 될 수 있습니다

당신 스스로를 누군가를 돌보는 사람으로 여기지 마세요. 당신은 누군가를 돕고 있다고 생각하겠지만 상대는 그렇게 생각하지 않을 거예요. 오히려 그 배려와 관심에 불편함, 심지어 괴로움을 느낄 수도 있어요. 당신은 상대를 위해 헌신하고 있다고 생각하겠지만 상대에겐 그것이 보살핌이 아니라 '속박'으로 여겨질 수 있음을 기억하세요.

그리고 당신의 관심과 애정이 구속처럼 느껴질 때, 상대가 당신에게 아무런 보답도 하지 않는 것은 너무 당연하다는 것도 기억하세요.

당신이 헌신한 대가를 받을 수 있을 거예요, 단지 다른 방식으로

우리는 타인에게 관심이나 애정을 쏟으면 이를 반드시 돌려받아야 한다고 생각하는 경향이 있습니다. 아마도 '뿌린 대로 거둔다'라는 격언을 듣고 성장했기 때문이겠지요. 무언가를 얻고자 한다면 그에 상응하는 노력을 먼저 해야 한다고 배우기도 했고요. 따라서 당신은 최선을 다했다면 그에 상응하는 대가를 얻는 게 당연하다고 생각할 것입니다.

그러나 현실은 다르죠. 노력한다고 모두 보상을 받는 건 아니라는 걸 우리는 어른이 되면서 경험합니다. 이 장에서 말한 인간관계 역시 마찬가지고요.

그렇다고 낙담하지는 마세요. 그 노력에 대한 보상을 상대가 주지는 않더라도 누군가를 위해 애썼던 그 마음, 그 노력은 내 인생의 자양분이 됩니다. 누군가를 위해 애쓸 수 있을 만큼 커진 마음은 내 안에서 강한 힘이 됩니다. 물론 앞서 지적했듯, 그 사람이 원치 않는 방식의 노력이어선 안 되겠죠.

10. 사랑이라는 이름으로 구속하고 있다면

누군가에게 베푸는 사랑, 거기엔 상대를 휘두르고 싶은 마음이 숨어 있을지도 모릅니다

사랑이 무엇이라고 생각하세요?

우리 삶에서 사랑이 갖는 의미는 무엇일까요?

흔히 사랑을 '헌신하고 내어주는 것'이라고 정의합니다. 하지만 헌신과 희생이 꼭 사랑에 국한된 특징은 아닙니다. 이는 인간관계에 존재하는 대부분의 '애정'에서 찾아볼 수 있기 때문입니다. 따라서 헌신과 희생을 베푼다고 해서 상대를 꼭 '사랑한다'고 말하

기는 어렵습니다.

연인 간의 사랑에 대해서는 진지하게 고민해볼 필요가 있습니다. 가령 우리는 무엇을 위해 상대에게 헌신하고 희생하며 사랑한다고 말하는 걸까요? 상대를 잃을까 두려워서? 아니면 상대를 쥐락펴락하고 싶어서? 솔직한 답은 아마 후자일 것입니다. 그렇지 않다면야 사랑하는 사람이 내 생각대로 살고 있는지 일일이 신경 쓸 이유가 없을 테니까요.

그 사람도 꼭 나를 사랑하라는 법은 없습니다

사실 상대에게 사랑을 주기 전에 반드시 먼저 준비해야 할 게 있습니다. 바로 '사랑을 준 것으로 끝'이라고 생각하는 마음입니다. 그 이유는 내가 주는 사랑이 어쩌면 상대가 원하는 사랑이 아닐 수도 있기 때문입니다.

어쩌면 당신의 호의가 냉담한 반응으로 되돌아올 수도 있습니다. 특히 당신의 사랑이 상대를 옭아매려는 도구로 활용되고 있다면 상대는 더더욱 당신의 사랑에 응답하지 않을 것입니다. 이는 지극히 정상적인 반응입니다.

상대의 반응에 너무 신경 쓰지 마세요

우리가 사랑하는 사람의 언행에 집착하는 이유는 무엇일까요? 단적인 예로 문자메시지를 주고받을 때를 생각해봅시다. 내가 메시지를 보냈는데 상대가 묵묵부답인 경우가 있어요. 이런 경우에 기분이 그토록 찝찝한 이유가 무엇일까요?

그건 아마도 내가 보낸 메시지에 대한 상대의 대답, 그리고 그 너머에 있는 상대의 마음이 궁금하기 때문일 것입니다. 답장을 받고 싶은 것은 물론이고, 상대가 나를 얼마나 자주 생각하는지, 얼마나 좋아하는지 알고 싶어서일 것입니다. 그러니 상대로부터 답을 듣지 못하면 마음이 불안하고 조급해지는 것이겠지요.

상대의 대답을 듣지 못해 생기는 초조함과 불안감을 없애고 싶다면 스스로에게 이렇게 말해보세요. 상대가 '메시지를 읽고도

반응을 하지 않는 것이 메시지를 아예 읽지 않는 것보다는 낫다'고
말입니다. 어쨌든 메시지를 읽었다는 것은 적어도 내가 그 사람에
게 전하고자 하는 말이 전달은 됐다는 뜻이니까요.

내가 전하고 싶은 마음을 전했다면 그것으로 끝. 이게 사랑이라
는 이름으로 상대를 구속하지 않기 위해 가장 필요한 자세입니다.

11. 상대의 호의를 지나치게 의심한다면

아무도 나를 좋아할 리가 없다?

어떤 이들은 상대가 보여주는 친절과 호의가 누구에게나 하는, 겉치레에 불과한 행동이라고 생각합니다. 그렇게 생각하는 사람들의 마음 밑바닥에는 '호감의 표현은 믿을 만한 것이 못 된다'는 생각이 깔려 있습니다. 왜냐하면 아무도 자신을 좋아할 리 없다고 철석같이 믿고 있기 때문입니다.

그렇다 보니 상대가 자신에게 관심을 보이면 '목적이 있어서 접근하는 것'이라고 단정 짓기 일쑤입니다. 의사가 단지 치료를 목

적으로 환자에게 칭찬과 격려의 말을 하는 것과 같은 맥락이라고
보는 것이지요. 그들은 자신을 향한 사람들의 '호감'을 그럴듯하게
꾸며낸 감정이라고 여길 가능성이 높습니다. 마치 길에서 연예인
같은 외모를 가진 이성이 갑자기 다가와 "그쪽에게 호감이 있으니
전화번호를 좀 알려주겠어요?"라고 말할 때 우리가 당연히 품을
의심처럼 말이죠.

사실, 모든 관심과 친절에는 숨겨진 목적이 있습니다

인간 내면에는 분명 어두운 본성이 존재하므로, 타인의 관심
과 친절의 이면에는 어느 정도 목적이 있기 마련입니다. 누군가에
게 묻는 '안부 인사'는 사실 인간관계를 유지하기 위한 '접대성 멘
트'지요. 우리는 사회적 동물이니까요. 인간관계에서 친절과 관심
은 사회생활을 위한 필수 도구임에 틀림없습니다. 일종의 예의이
기도 하고요. 따라서 인간 간에 보이는 일반적인 친절과 호의는 그
것이 진심인지 아닌지가 그리 중요하지 않습니다.

그럼에도 여전히 '저 사람이 내게 베푸는 친절이 진심일까, 거짓일까' 고민하고 있다면, 그건 당신이 아직 인간의 본성을 제대로 깨우치지 못했거나, 스스로를 '사람들이 좋아할 만한 사람'이 아니라 생각해서일 것입니다.

'접대성 멘트'가 때로는 우리를 나아가게 하는 동력이 됩니다

인간관계는 참으로 복잡하고 신비롭습니다. 상대의 마음이 진실한지 위선인지 따져보기 어려울 뿐만 아니라 그럴 필요가 없는 경우도 많습니다.

부하 직원을 챙겨주는 상사의 마음을 생각해보죠. 상사가 부하 직원을 챙겨주는 이유는 그 직원의 업무 능력이 날로 좋아지기를 바라는 마음도 있겠지만, 그 직원이 팀의 미래에 걸림돌이 되고 결국 자신의 실적에까지 영향을 줄까 걱정하는 마음도 클 것입니다. 하지만 '팀이 경쟁에서 뒤처지지 않기 위함과 자기 실적에 악

영향을 받지 않기 위해서'라는 목적이 포함되어 있더라도 그 관심을 부하 직원이 더욱 분발하게 만드는 동력으로 생각해도 되지 않을까요? 실제로 그런 역할을 하고 있으니까요.

관심의 목적에 '시커먼 속셈'만 가득한 것도 아니고, 우리 삶은 흑과 백으로 완전히 나눌 수 없는 법이니, 나에게 도움이 되는 방향으로 긍정적인 해석을 하는 게 삶을 잘 헤쳐나가는 길일 것입니다.

12. '다 내 잘못'이라는 말을 입에 달고 산다면

상대가 질책하기 전에 잘못을 인정해버리는 이유

자책을 하면 타인의 비난을 피하는 동시에 타인을 비난하는 일도 피할 수 있습니다. 스스로 약한 사람인 척, 잘 모르는 척을 하면 다가올 미래에 감수해야 할 책임을 피할 수 있습니다. 또한 스스로를 평가절하하면 경쟁의 위험에서 도망칠 수 있고, 자신의 존재로 인해 누군가에게 위협받을 일이 없습니다. 그래서 많은 사람들이 재빨리 '모두 내 탓'이라며 자책하는 방법을 사용합니다. 그리고 그게 자신을 보호하는 최고의 방패라 여깁니다. 즉 자책을 통해 눈앞에 닥친 위기를 피해가는 것이죠.

진정으로 대면해야 할 문제지만 책임지고 싶지 않기 때문에

상대가 입을 열기도 전에 내 잘못이라며 나서는 진짜 이유는 자신이 반드시 대면해야 할 문제로부터 도망치고 싶어서입니다. 먼저 잘못을 인정해버림으로써 자신에게 쏟아질 비난을 차단할 수 있다고 생각하기 때문입니다. 설령 비난을 피할 수 없다고 해도 그 강도는 한결 약해질 것입니다. 왜냐하면 상대의 눈에 당신은 적어도 잘못을 인정할 줄 아는 사람으로 비춰질 테니까요.

물론 잘못을 인정하는 태도는 미덕입니다. 하지만 자기 잘못을 책임지고 감당하는 것이 두려워서 재빨리 인정하는 척하는 것은 회피에 불과합니다.

먼저 선수 치듯 잘못을 인정하는 것은 아직 잘못을 인정할 준비가 안 됐다는 뜻입니다

한편 아직 잘못을 인정할 준비가 되지 않아서 먼저 선수 치듯 잘못을 인정하는 경우도 많습니다. 빈틈없이 따지고 들어올 상대의 비난에 진심으로 사과할 준비가 되어 있지 않기 때문에 대충 "그래, 다 내 탓이야, 다 내 잘못이라고" 하며 문제를 덮으려는 거지요.

잘못은 누구나 할 수 있습니다. 또 누구나 그 잘못을 상대가 용서해주기를 바랍니다. 하지만 자신이 저지른 잘못에 책임을 지고 싶지 않아서 한발 앞서 잘못을 인정하며 그 순간을 모면하려는 건 분명 미성숙한 태도입니다.

13. '불쌍한 척'으로 관심을 끌려 한다면

'불쌍한 척'은 연민을 자극하려는 본능

자신이 원하는 바를 이루기 위해 스스로를 비참하게 만들거나, 자기를 학대함으로써 타인이 반강제적으로 자신의 요구를 들어주도록 만드는 사람들이 있습니다. 힘들고 무기력한 모습을 보임으로써 타인의 관심과 도움을 구하고, 심지어 상대를 조종하려 하기도 합니다. 또한 누군가 자신에게 능력 밖의 일을 요구할 때 그런 약한 모습을 보여줌으로써 그 상황을 회피하기도 합니다.

연민에 호소하지 마세요

불쌍한 척하지 마십시오. 왜냐하면 사람들은 그런 당신을 정말 안쓰럽게 보기는 하겠지만, 다른 한편으로는 아주 비참한 사람으로 생각할 것이기 때문입니다. 또 사람들은 당신이 타인의 관심을 끌기 위해 혹은 타인의 도움을 구하기 위해 일부러 불쌍한 척을 하고 있다고도 생각할 것입니다.

그보다 더 문제인 것은 당신의 행동에 사람들이 보일 관심입니다. 그들의 관심은 진심에서 우러나온 걱정이 아니라 동정심 또는 연민에 불과할 것입니다. 당신이 진정 원했던 관심은 그런 게 아니잖아요?

솔직함이 가장 강력한 무기입니다

앞에서 자기가 원하는 것을 얻기 위해 불쌍한 척하는 사람들을 지적했습니다만, 막막한 상황에 처하면 사람들은 누구나 어쩔 수 없이 타인에게 도움을 청하게 되지요. 그런 상황이 되면 불쌍한 척은 물론이고 부끄러운 행동도 마다할 수 없습니다. 그럼 어떻게 해야 할까요?

핵심은 솔직함입니다. 정말 도움이 필요해서 자신의 상황을 솔직하게 털어놓는 사람에게 불쌍한 척한다고 손가락질할 사람은 많지 않을 테니까요.

14. 결정 장애에 시달린다면

선택할 수 없는 게 아니라 선택하지 않는 겁니다

어린 시절 우리는 이렇게 배웠습니다. 개인은 자신의 삶을 자기 생각에 따라 결정하는 독립적이고 자주적인 존재라고 말입니다. 하지만 현실은 말해줍니다. 우리가 부모를 선택할 수 없었던 것처럼, 우리가 늘 원하는 것을 가질 수도 없고 원치 않는 것을 피할 수도 없다는 사실을요. 당연히 현실에서 직장이나 배우자를 선택하는 것 또한 크게 다르지 않습니다. 우리의 선택에는 늘 제약이 따릅니다.

하지만 인생에서 무력함을 느끼거나 자신의 운명을 결정짓는 중요한 순간에 수동적인 선택을 한다면, 이는 당신에게 다른 선택 지가 없었기 때문이라기보다는 용기가 없었기 때문일 것입니다.

분명, 모든 일은 내 마음대로 되지 않습니다

우리는 '마음먹은 대로 이루어진다'라는 말이 선의의 거짓말이 라는 것을 잘 알고 있습니다. 모든 소망이 마음만 먹는다고 이뤄지 는 것도 아니며, 현실의 결과가 예상과 정반대인 경우도 있다는 걸 잘 알기 때문입니다. 그러니 스스로 실망하지 않으려면 '마음먹은 대로 다 이룰 수 있어!'라는 헛된 기대로 자신을 무디게 만들지 마 세요. 무감각하게 만들어봐야 더 큰 실망과 낙담만이 당신을 기다 릴 뿐이니까요.

마음먹은 대로 이루지 못할 수는 있지만, 이루고자 하는
목표를 향해 한 발짝 내딛을 수는 있습니다

그럼 우리는 어떻게 해야 할까요?

물론 모든 것이 마음먹은 대로 이루어지는 것은 아닙니다. 하지만 계획을 세웠다면 당신은 이미 원하는 바를 이루기 시작한 것이나 다름없습니다. 이제 당신에게 남은 것은 그 '꿈의 청사진'대로 나아가는 것뿐입니다. 물론 열심히 노력을 해도 이루지 못할 수 있겠죠. 그렇다고 너무 낙담하지는 마십시오. 인생에서 겪어야 할 시행착오가 100가지라면 그중에 적어도 한 가지는 이미 겪은 셈이니까요.

15. 경쟁을 피하려고만 한다면

사회는 보이지 않는 경쟁 관계로 이루어져 있습니다

우리는 경쟁 속에서 살아갑니다. 그리고 어느 경쟁에서건 상대를 경쟁의 장에서 퇴출시키려면 수단과 방법을 가리지 않고 상대를 밟고 일어서야 합니다. 왜냐하면 당신이 누리는 이익은 상대의 고통을 대가로 치르고 얻어지는 경우가 대부분이기 때문입니다.

그런 점에서 모든 인간관계는 예외 없이 경쟁으로 인해 적대적으로 변할 수 있습니다. '동료' 사이는 특히 이런 보이지 않는 경쟁관계가 명확히 존재하는 잠재적 적인 셈입니다. 서로가 벌이는 경쟁이 공평하건 공평하지 않건, 경쟁의 장에 서 있는 누구나 겉으로는 겸손하고 매너 있는 척해도, 안으로는 상대에게 치명상을 입힐 날카로운 발톱을 숨기고 있습니다.

안타깝지만 이게 현실입니다

내가 이익을 얻으려면 반드시 누군가의 고통이 뒤따라야 할까요? 애석하게도 답은 '그렇다'입니다. 왜냐하면 잡아먹지 않으면 잡아먹히고, 밟지 않으면 밟히는 것이 이 사회의 현실이기 때문입니다. 당신이 순간적으로 마음이 약해져서 상대를 밟고 올라서기를 포기한다면, 당신이 곧 누군가의 성공을 위해 밟히는 희생양이 될 것입니다. 반드시 남을 밟고 올라서야 성공을 쟁취할 수 있다고 생각하는 사람들이 도처에 있으니까요.

다른 사람을 밟고 올라서는 것이 '필요악'일 때도 있습니다

마음을 단단히 먹고, 내게 주어진 경쟁에서 도망치지 맙시다. 이 세상에서 남을 밟고 올라서는 것은 가끔 성공을 쟁취하는 데 필수적인 과정이기 때문입니다.

다만 우리가 성공을 향해 다짐했던 초심을 잊지 않는다면, 또 우리가 성공한 뒤에도 과거에 성공을 쟁취하는 과정에서 조력자 역할을 해준 이들을 잊지 않는다면, 우리는 조금 다른 삶을 살 수 있을 겁니다. 성공을 위해 다른 사람을 밟고 올라서야 하는 '필요악'의 과정에 전전긍긍하지 않아도 될 것입니다.

16. 외로움을 인정하고 싶지 않다면

외로움이라는 숙명

인생에는 행복도 있지만 피할 수 없는 불행도 존재합니다. 노화, 질병, 죽음과 같은 것은 여전히 피할 방법이 없습니다. 마찬가지로 '누구나 외롭다'는 사실 역시 인정해야 합니다. 왜냐하면 외로움은 우리 모두가 태어나는 순간부터 죽는 그 순간까지 겪을 수밖에 없는, 불가피한 감정이기 때문입니다.

외로움을 느끼는 이유는
자신과 함께하는 법을 찾지 못했기 때문입니다

어떤 사람들은 혼자 덩그러니 남겨지면 "쓸쓸하다", "외로워 죽겠다"고 토로합니다. 이렇게 툭하면 외로움을 호소하는 사람은 혼자라는 사실을 받아들이지 못하는 것이라고 볼 수 있습니다. 그들은 혼자 있는 시간이 찾아오기만 하면 휴대폰의 주소록을 뒤지며 쓸쓸함과 외로움으로부터 자신을 해방시켜줄 누군가를 찾아 여기저기 전화를 겁니다.

하지만 자신의 외로움과 쓸쓸함을 해소시켜 줄 것이라 생각했던 사람과의 통화가 끝나는 순간 더욱더 외롭고 쓸쓸해진 자신을 발견하고는 합니다. 왜냐하면 쓸쓸함과 외로움을 느끼는 이유는 곁에 누가 없어서가 아니라 오롯이 나 자신과 함께하는 방법을 찾지 못했기 때문이거든요.

나 혼자만의 시간을 보낼 수 있는 기회를 준 신에게
고마워하세요

사실 친구가 아무리 많아도, 제아무리 낙천적인 사람이라도 쓸쓸하고 외로운 순간을 맞닥뜨리면 어떻게 해야 할지 몰라 막막함을 느끼기 마련입니다. 그러나 쓸쓸함과 외로움에서 도망치게 해줄 친구를 찾지 못했다고 해서 절대 운명을 탓하거나 자신을 책망하지는 마십시오. 그보다는 바쁜 일상 중에 나 자신과 능숙하게 함께하는 법을 배울 수 있도록 외로운 시간을 만들어준 신에게 고마워하세요. 외로움은 평생 지속될 감정이고, 따라서 나 자신과 함께하는 법을 빨리 배울수록 우리는 인생에서 유리한 위치를 차지할 수 있을 테니까요.

제3부
남들처럼 살지 않아도 괜찮습니다

사람들은 대개 자신과 다르면 '이상하다'고 생각합니다.
그리고 일반적인 행위와 사고방식을 따르지 않는 사람들은
정신적인 문제가 있다고 생각합니다.
진짜 문제는 이러한 시각이 모든 사람은 각자의 가치관을
갖고 있다는 사실을 간과한다는 점입니다. 인생이라는 같은
시험지를 받았다 해도, 모두가 같은 답을 적을 수는 없습니다.
우리는 다 다른 답을 가지고 있으니까요.

17. 다름을 포용하지 못한다면

남들과 조금 다른 '별종'들

사람들은 보통 익숙한 것만을 받아들입니다. 남다른 행동을 하는 사람은 별종 취급을 하죠.

예를 들어 자신의 처지를 생각하지 않고, 월급 인상이 되건 말건 상관하지 않고, 상사와의 관계 유지에 전혀 관심이 없는 사람을 두고 우리는 '별종' 혹은 정신에 문제가 있는 사람이라 생각합니다. 사회에서 성공하려면 돈과 힘을 가져야 하니까요.

천재적인 실력을 가진 화가가 그림은 그리지 않고 대부분의 시간을 연애하는 데 쓴다면 그 역시 별종 취급을 받을 것입니다. 예술가에게도 돈과 힘이 필요하다고 생각하니까요.

누군가가 고액 연봉의 직업을 마다하고 하루 벌어 하루 먹고 사는 인생을 택한다면, 그 역시 정신적으로 문제가 있는 사람으로 여겨질 것입니다. 우리 사회에는 고액 연봉 직업을 희망하는 사람이 대다수니까요.

이처럼 우리는 그 사람의 가치관이 대다수의 사람들과 일치하는지를 기준으로 한 사람의 정신 건강을 판단하고는 합니다. 이는 바로 다수의 사람과 다르면 문제가 있다고 여기는 사고방식입니다.

남들과 꼭 똑같이 생각해야 할까요?

이런 사고방식이 과연 옳을까요? 술에 빗대어봅시다. 남들이 모두 술에 취해 있을 때 나 혼자만 정신이 멀쩡하다고 내가 이상한 사람일까요? 남들과 비슷한 생각, 비슷한 인생을 살지 않으면 그 사람에게 정신적으로 문제가 있는 건가요? 어쩌면 진짜 병이 있는

사람은 남들과 다르게 살아가는 사람이 아니라 남들과 꼭 같아야
만 한다고 생각하는 우리 자신이 아닐까요?

'인생'이라는 같은 시험지, 하지만 모두가 같은 답을 적을 수는 없습니다

엄격히 말하자면 대부분의 사람은 '나와 다르면 문제가 있다'
고 생각합니다. 그리고 일반적인 행위와 사고방식을 따르지 않는
사람에게 정신적인 문제가 있다고 생각합니다.

문제는 이런 시각이 각자 다양한 가치관을 갖고 있다는 사실
을 간과한다는 점입니다. 인생이라는 같은 시험지를 받았다 해도,
모두가 같은 답을 적을 순 없습니다. 우리는 각자 다른 답을 가지
고 있습니다.

나와 생각이 다르다는 이유로 그 상대를 별종 혹은 4차원이라
고 불러야 할까요? 우리 모두의 생각은 조금씩 다른데, 별종을 가
르는 그 기준은 도대체 어디에서 오는 것일까요?

18. 타인의 인정과 칭찬에 목마르다면

타인의 인정과 칭찬을 갈구하는 사람들

누구나 자신이 사랑하는 사람으로부터 사랑을 받고 싶어 합니다. 어떤 이들은 자신이 크게 관심이 없는 사람에게서조차 칭찬과 주목을 받기를 원합니다. 왜냐하면 그들은 끊임없이 관심을 받고 싶은 욕구가 지극히 정상적인 것이라고 생각하거든요. 그들은 자신이 원하는 만큼 관심을 받지 못하면 그때부터 자신이 사람들로부터 잊혀지고, 상처받고, 심지어 버림받게 될 것이라는 허상이 머릿속에 생겨나기 시작합니다. 예를 들어 그들은 상대가 다시 전화

를 주기로 한 것을 잠시 잊거나, 자기의 초대를 거절했다는 이유로
상처를 받습니다.

진심이 아닌 접대용 멘트라도 좋다?

그들은 온종일 타인의 칭찬과 관심 속에 살아가기를 원합니
다. 타인의 관심 섞인 말이 '접대용' 멘트라는 것을 알면서도 여전
히 그러한 사탕발림을 애정과 관심의 척도라고 생각합니다. 그들
은 타인이 그러한 접대용 멘트조차 하지 않으면 곧 자신에게서 멀
어질 준비를 하고 있다거나 심지어 자신을 버릴 것이라는 생각까
지 합니다. 이런 생각에 사로잡히는 순간 그들은 다시금 상대의 관
심을 끌 수 있는 갖가지 방법을 궁리하기 시작합니다. 그리고 심지
어 자신을 괴롭히고 아프게 하는 일도 서슴지 않습니다. 다시 관심
을 받을 수만 있다면 말이죠.

관심을 갈구하는 것은
타인이 자신의 우월함을 알아주기를 바라는 표현입니다

열심히 노력했음에도 불구하고 이제껏 인정을 받아본 적이 없는 사람이라면 관심을 갈구하는 행위가 꼭 잘못됐다고 볼 수는 없습니다. 매일 정직하게 열심히 사는 사람이라면 당연히 다른 사람들로부터 자신의 성실함과 노력을 인정받고 싶어 합니다.

하지만 이미 있는 그대로의 모습으로도 충분히 박수를 받을 수 있음에도 불구하고 그 이상의 행동으로 관심을 갈구한다면, 이는 타인이 자신의 우월함을 알아주기를 바라는 표현에 불과합니다.

19. 나 자신을 통제할 수 없다면

타인의 요구를 거절하지 못하는 사람들

어떤 이들은 상대가 자신에게 무엇을 요구할지 알고, 자신이 그 요구를 들어줄 수 없다는 것을 알면서도 '철벽 방어'에 실패하곤 합니다. 심지어 반드시 고수해야 하는 원칙마저 지키지 못하는 경우도 있습니다. 좀 더 정확히 말하자면, 그들은 자신이 원하지 않는 경우에도 타인의 요구를 거절하지 못하는 사람입니다.

혹시 영업 사원이 판매하는 물건을 사고 싶지 않은데도 그 사람의 권유에 못 이겨 결국에는 사고 말았던 적이 있나요? 나가고 싶지 않은 모임인데 초대한 사람의 말을 무시할 수 없어서 참석했던 경우나, 자신을 일방적으로 좋아하는 사람과 관계를 맺고 싶지 않지만 결국엔 그 상대를 따라 호텔로 들어갔던 경우는요? 이러한 결과가 초래된 이유는 단지 마음이 약해서가 아닐 수 있습니다. 어쩌면 당신의 마음은 원치 않는데 '생리적 욕구' 때문에 거절하지 못하는 것입니다.

원하는 걸 원치 않는다고 말하는 위선

말과 행동이 다른 사람은 원칙을 고수하지 못하는 사람이라기보다는, 분명 원하지만 체면 혹은 도덕적 갈등 때문에 솔직하게 원한다고 말하지 못하는 위선자에 더 가깝습니다. 이러한 위선자들은 말로는 '순결'을 강조하면서 육체적으로는 자유분방함을 꿈꿉니다. 결국 애써 지켜온 순결한 이미지도 제 육체적 본능으로 인해 하루아침에 무너지게 됩니다.

절대 해서는 안 되는 일 같은 건 없습니다

누구나 한 번쯤은 마음으로는 안 된다고 생각하면서도 행동으로는 거부하지 못하는 일에 부딪힌 적이 있을 것입니다. 이러한 행동의 근본적인 이유는 우리가 안 된다고 생각했던 것들이 반드시 절대 해서는 안 되는 일은 아니었기 때문인지도 모릅니다. 그러니 타인의 끊임없는 유혹에 넘어가서 결국 하면 안 된다고 마음먹었던 일을 하게 되는 것이겠지요. 엄밀히 말하자면, 이런 경우는 육체적 본능 때문에 내면의 원칙과 의지가 꺾인 것이 아닙니다. 단지 스스로 하면 안 된다고 생각했던 일을 언젠가 하게 될 수도 있다는 것을 잘 몰랐던 것뿐입니다.

20. 의심이라는 감옥에 갇혀 있다면

피해망상이라는 감옥

남들 눈에는 병적으로 보이는 행위이지만, 너무 자연스럽게 그런 행위의 합당함을 조목조목 설명하며 스스로를 변호하는 이들이 있습니다. 어떤 사람들은 자기가 미친 사람에게 공격을 당할 수도 있다고 걱정합니다. 그리고 실제로 일어난 일들을 사례로 들며 그 일이 자기에게도 일어날 수 있음을 증명하려 합니다. 그들은 자신이 느끼는 '공포심'이 망상에 의해 만들어진 것이 아닌, 사실에 근거한 것이라고 생각합니다.

누군가 나를 해칠 것이라는 의심

우리 주변에도 피해망상증을 갖고 있는 사람이 적잖게 있습니다. 피해망상증을 갖고 있는 사람들은 대개 두 가지 특징을 가지고 있습니다.

첫 번째 특징은 머지않아 자신이 공격을 당하거나 핍박을 받을 것이라는 허무맹랑하고 터무니없는 이야기를 만들어내는 것입니다.

두 번째 특징은 본래 의심이 많아 쉽게 누구의 말도 믿지 못하며, 타인의 모든 행동에 자신을 해치려는 의도가 담겨 있다고 생각한다는 것입니다. 그러나 이 역시 자신이 공격 또는 학대를 당할 것이라는 사실을 타인이 믿게 만들어 타인의 관심을 끌고 싶은 마음에 지나지 않습니다.

남을 못 믿는 게 아니라 자신을 인정하지 못하는 것입니다

피해망상증을 앓고 있는 사람은 남을 못 믿는 것이 아니라, 제 자신이 누군가가 겨냥하는 목표물이 아니라는 걸 믿지 못하는 것입니다. 간단히 말하자면 이런 사람들은 과도한 '나르시시즘'에 빠져 있다고 할 수 있습니다. 평범해서 눈에 띄지도 않는 사람이 일방적으로 자신이 타인의 표적이 되었다고 생각하는 것이나 다름없습니다.

피해망상증을 가진 사람이라면, 혹은 피해망상증으로 이어질 만큼 지나친 나르시시즘에 빠진 사람이라면, 너무 자신을 과대평가 하지 말라고 당부하고 싶습니다. 타인에게 당신은 그렇게 중요한 존재가 아닙니다. 이렇게 생각하다 보면 누군가 자신을 모함하고 해치려 한다는 의심이 자연스럽게 사라질 것입니다.

21. 체면을 포기하지 못한다면

불안 속에 숨어 있는 무기력감

불안감을 느낄 때 도망치고 싶어지는 이유는 아주 많습니다. 강한 불안감은 사람을 가장 힘들게 하는 부정적인 감정이기 때문입니다. 불안감을 견디기는 것이 고통스러운 이유는 또 있습니다. 바로 곧이어 찾아오는 '무기력감' 때문입니다.

보통 사람들은 시련이 닥치면 그것을 극복하고 앞으로 전진하려는 용감무쌍한 정신력을 보여줍니다. 하지만 그러지 못하고 불안하고 초조해지면서 극도의 무기력감을 느끼는 사람들도 있습니다. 그리고 권력욕, 통제욕, 소유욕이 강한 사람들일수록 그 무기력한 감정 상태를 더 견디기 힘들어합니다.

무기력한 상태를 견디기 힘든 이유는 체면 때문입니다

권력욕, 통제욕, 소유욕이 강한 사람들이 초조하고 불안한 상태를 견디기 힘들어하는 데는 이유가 있습니다. 그들은 불안감 속에 숨어 있는 '무기력감'이 사실은 두려움과 나약함의 표현이라고 여깁니다. 그래서 평상시 '강인한 이미지'를 표출해온 사람들일수록 무기력한 상태에 휩싸이는 것을 무척이나 혐오합니다.

하지만 현명한 사람이라면 알 것입니다. 권력욕, 통제욕, 소유욕이 강한 사람이 무기력감을 증오하는 진짜 이유는 '체면' 때문이라는 것을요. 그들은 무기력한 모습을 보이는 것이 자신의 체면을 구기는 일이라 생각합니다.

체면과 편견을 버리고
다른 사람에게 도움을 구하는 신호를 보내세요

　분명한 사실은 무력감이 불안한 상태 중 가장 고통스러운 감정이라는 것입니다. 타인에게 도움을 구하자니 자신을 불안하게 하는 비밀을 털어놓아야 하고, 또 혼자서 일을 해결하자니 어떻게 하면 좋을지 모르겠는 그 막막함에 정말 숨이 막힐 것 같을 테니까요. 하지만 그럴수록 체면을 내려놓으세요. 편견을 버리고 누군가에게 도움을 구하는 신호를 보낸다면, 무력감처럼 부정적인 감정으로부터 당신을 해방시켜줄 출구를 찾을 수도 있지 않을까요?

22. 항상 핑계를 찾는다면

핑계를 찾으면 지금 초조함을 느끼는 일을
회피할 수 있습니다

불안을 초래할 가능성이 있는 모든 상황, 생각 또는 느낌 등으로부터 도망치려는 행위는 불안감을 회피하는 극단적인 방법에 속합니다. 가령 운전이 무서운 사람이 아예 차 근처에도 가지 않고, 등산이 두려운 사람이 영영 산을 오르지 않는 것처럼 말입니다. 이런 정서를 가진 사람들은 자신이 지금 왜 불안한지 헷갈려하거나 자신이 불안한 상태라는 것을 전혀 인식하지 못하기도 합니다. 그러나 사실 그들의 무의식은 자신이 무엇 때문에 불안해하는지 잘 알고 있습니다. 그렇기 때문에 자신을 불안하게 하는 일로부터 도망칠 수 있는 핑계를 찾는 것입니다.

예를 들어 파티에 가기 싫어하는 한 여인이 있습니다. 사실 그녀는 파티에서 아무도 자신에게 춤을 권하지 않을 것이 두려워서 파티에 가기 싫은 것입니다. 하지만 정작 남들 앞에서는 사교활동을 좋아하지 않기 때문에 파티에 가고 싶지 않다고 말합니다.

우회적으로 회피함으로써
내가 진짜 불안해하는 것을 숨기는 전략

사람들이 어떤 일을 회피하는 방식은 크게 '직접적인 회피'와 '우회적인 회피'로 나뉩니다. 직접적인 회피는 차마 할 수가 없어 하지 않는 행위, 즉 운전이 무서워 아예 차 근처에도 가지 않는 행동 같은 것을 말합니다. 이에 비해 우회적인 회피는 다른 것이 싫다는 핑계로 진짜 하기 싫은 일을 피하는 행동을 가리킵니다. 이를테면 어떤 사람은 TV 프로그램에 출연해서 인터뷰하기를 꺼리는데, 이는 카메라 울렁증 때문입니다. 하지만 다른 사람들에게는 많은 사람들 앞에 나서기에 자신이 아직 부족하다는 말로 둘러댑니다.

사실 대부분의 사람들이 우회적인 회피 방법을 쓰고 있습니다. 피하고 싶은 문제를 회피하는 동시에 현재 자신을 불안하게 만드는 진짜 이유까지 숨길 수 있으니까요.

핑계도 필요악입니다

누군가는 불안감에서 도망치고자 핑계를 찾는 것이 당당하지 못한 행동이라고 생각할 것입니다. 하지만 이 또한 밝히고 싶지 않은 개인의 감정과 생각을 보호할 수 있는 한 가지 방법임이 분명합니다. 남들 앞에서 자신의 민낯까지 드러내려는 사람은 이 세상에 아무도 없습니다. 그렇기 때문에 개인의 은밀한 사정을 숨기기 위해 적절히 핑계를 대는 것은 필요악이라고 할 수 있습니다.

23. 지는 게 이기는 거라고 생각한다면

태연한 척하는 게 이기는 것이다?

반감을 드러내지 않는 것은 모든 일이 그럴 만하다고 생각하는 척하는 태도입니다. 쉽게 말해 '태연한 척'을 하는 것이지요. 이런 생각은 가끔 우리가 절대 양보해서는 안 되는 일에서까지 물러서게 만듭니다. 좀 더 솔직하게 말하자면 우리는 때로 제 이익을 남에게 빼앗기는 상황에서 태연한 척, 아무 미련도 없는 것처럼 행동하는 것이 결국 그 상대를 이기는 것이라 생각합니다.

지는 게 진짜 이기는 거라는 거짓말

우리는 내 이익을 누군가에게 침범당하고 빼앗겨 자신이 불리한 상황에 놓여도 전혀 동요하지 않고 심지어 이런 상황을 대수롭지 않게 여기도록 교육받았습니다. 유년시절 학교 선생님이 우리에게 끊임없이 '지는 것이 진짜 이기는 것이다'라는 아주 고리타분한 인생 공식을 주입시켰던 것이 그 예죠. 그래서 우리는 누군가로 인해 손해를 입고 불리해지면 강하게 반발하기보다는 '그래, 손해 보는 것이 이기는 거야'라고 생각하며 스스로를 위로합니다.

그런데 재미있는 점은 마음속 깊은 곳에서는 단 한 번도 그렇게 생각한 적이 없다는 것입니다.

손해는 손해일 뿐입니다

손해를 보는 것이 정말 이득이 되는 일일까요? 사실 이는 생각하기 나름인 문제입니다. 짧게 생각하면 손해는 손해일 뿐, 절대 손해를 본다고 어떤 이득이 생기진 않습니다. 하지만 멀리 생각해 보면, 당신에게 손해를 주었던 일이 기회가 되기도 합니다. 이를테면 10년 전 한 친구가 당신에게 돈을 빌리고는 '동전주'나 다름없는 값싼 주식으로 갚았을 때, 당시에는 그 주식을 받는 것이 당신에게는 손해였을 것입니다. 하지만 보잘것없던 그 주식이 10년 뒤에는 수십 배 이상으로 가격이 오르게 되었다면, 과거의 손해가 결국 당신에게 더 큰 이득을 안겨준 것이나 다름없지 않겠습니까?

24. 나보다 잘난 사람을 인정하기 힘들다면

우리는 무의식적으로 상대를 깎아내리려 합니다

우리는 무의식적으로 상대의 능력을 깎아내리려고 합니다. 특히 남이 나보다 뛰어난 것을 싫어하지요. 설령 상대방이 뛰어난 능력을 가졌다고 해도 우리는 '사실 저 사람은 보이는 것만큼 그렇게 대단한 사람이 아니야'라고 생각합니다.

그렇게 생각하는 데에는 남이 나보다 뛰어나면 안 된다는 마음도 있겠지만, 약간의 허세가 섞여 있기도 합니다. 나보다 능력이 뛰어난 사람 앞에서 허세를 부릴 줄도 알아야 상대에게 나의 약점을 쉽게 들키지 않을 수 있기 때문입니다.

누군가 당신을 깎아내린다면 기뻐하세요

보통 사람들은 모두 상대방의 능력을 깎아내리려는 본성을 갖고 있습니다. 그러므로 누군가가 당신을 바보 취급한다고 불쾌해 마세요. 당신은 그 말에 오히려 기뻐해야 합니다. 왜냐하면 상대의 눈에 당신이 조금도 멍청해 보이지 않는다는 뜻이기 때문입니다. 그 상대는 남이 나보다 뛰어나면 안 된다는 생각에 당신의 뛰어난 면을 어떻게든 깎아내릴 목적으로 멍청하다고 말하는 것입니다.

"사실 난 네가 생각한 것처럼 그렇게 멍청하지 않아"

통제하기 어려운 강한 폭발력을 내면 깊은 곳에 숨기고 있는 사람일수록 무의식적으로 다른 사람의 능력을 깎아내리려는 경향이 강합니다. 그들은 속으로 '사실 난 당신이 생각하는 것처럼 그렇게 멍청하지 않아. 능력으로 치자면 내가 당신보다 더 뛰어나'라고 생각합니다. 객관적으로는 상대가 나보다 더 낫다는 것을 인지하면서도 말입니다. 많은 사람들이 그렇게 정확하게 상황을 인식하고 있음에도 불구하고 상대방을 깎아내리려는 본성 때문에 상대를 과소평가하는 것입니다.

제4부
습관처럼 남에게 모든 것을 내어주지 말아요

내가 속이지 않으면 내가 속아 넘어가게 되는 세상.
이 사회에서 살아남으려면 반드시 타인과 적당히
안전한 거리를 유지해야 합니다. 절대 습관처럼 남에게
모든 것을 내어주면 안 됩니다.
아무도 믿지 마세요.
당신은 속지 않을 것이란 자신감도 금물입니다.

25. 보복당할까 두렵다면

밟고 밟히는 관계에서 공포심이 생깁니다

누군가를 이용하거나 해를 끼칠 만한 상황이 찾아올 때 우리가 섣불리 움직이지 못하는 까닭은 그 상대도 내가 한 짓과 똑같은 방식으로 나에게 앙갚음을 할 수 있다는 두려움 때문입니다. 모든 사람의 잠재의식 속에는 왜 보복을 당할 것이라는 두려움이 존재할까요?

적응에 성공해야 생존할 수 있고 적응하지 못하면 도태되는 이 사회에서는, 많든 적든 남을 밟고 올라서서 그 상대를 도태시킬 수

밖에 없는 일들이 생깁니다. 따라서 우리 내면의 깊숙한 곳에는 다른 사람을 밟고 올라서야 한다는 강박이 있고, 이 때문에 언제든 상대로부터 보복을 당할 수 있다는 두려움이 생기는 것입니다.

언제 누가 나에게 복수할지 아무도 모릅니다

보복에 대한 공포심이 인간 본성의 보편적인 특성이라면, 그 공포심의 크기는 얼마나 될까요? 또 그 공포심이 어느 정도로 작아져야 공포심 때문에 행동으로 옮기지 못했던 일을 실행할 수 있을까요? 분명한 건 개인의 잠재의식 속에 보복을 당할지도 모른다는 공포심은 계속 존재한다는 것입니다. 다만 우리는 애써 그것을 모르는 척하는 것뿐입니다.

먼저 화해를 청해보세요

'뿌린 대로 거둔다'는 것은 인간 사회의 잠재적 규칙입니다. 물론 원수를 찾아가서 내가 그에게 당한 것 이상으로 앙갚음을 할 수도 있습니다. 하지만 본인 스스로 한번 생각해보십시오. '과연 나는 지난 몇 해 동안 누군가에게 원한을 살 만한 행동을 몇 번이나 했는가?'라고 말입니다. 떠오르는 일이 하나도 없다면 그건 거짓말일 거예요.

먼저 마음을 열고 다가가서 용서를 구해보십시오. 가능하다면 내게 원한을 품었던 상대에게 적절한 보상을 해줌으로써 상대와 나 사이의 앙금을 풀어보세요. 그렇게 하다 보면 누군가에게 보복을 당하지 않을까 하는 두려움에 사로잡히는 일도 점점 사라질 것입니다.

26. 애먼 사람에게 화를 낸다면

내가 힘들면 마구 화를 내도 된다?

우리는 불안하고 초조한 마음이 엄습할 때 '내 살 길은 내가 찾아야 한다'는 심정으로 함부로 행동하기도 합니다. 가정에서 받은 스트레스를 회사에서 터뜨리고, 회사에서 억눌린 감정을 가족들에게 분출하며 '나도 힘들다, 내가 살려면 어쩔 수 없다', '이 모든 게 살기 위한 본능이다'라고 포장하고 합리화하죠.

하지만 이런 감정 분출 방식은 당신의 몸과 마음의 건강을 해칠 뿐입니다. 뿐만 아니라 당신의 가족과 회사 동료, 그 누구에게

도 당신이 쏟아내는 부정적인 감정들을 받아줘야 할 의무는 없습니다.

적절한 감정 표출이 필요합니다

사람의 감정은 흐르는 강물과 같습니다. 어떤 감정이 억압되면 한 방향으로 흐르던 강물이 막히는 것처럼 어떻게서든 흘러가려고 하겠지만, 막힌 흐름을 뚫지 못하면 결국 그 물줄기가 삶이라는 제방을 무너뜨릴 것입니다. 마치 불행한 가정에서 자란 사람이 자신의 불안감을 바깥세상에 투사하지만, 세상이 그 불안감을 받아주지 않아 감정의 균형이 무너지는 것처럼 말입니다.

불안한 감정을 가정에서 터뜨리고 회사에서 터뜨린들 해결되는 건 없습니다. 그들에겐 당신의 감정을 감당할 능력도, 감당해주어야 할 이유도 없기 때문입니다. 따라서 감정을 적절히 표현하고 스스로 관리하는 법을 배우는 게 중요합니다.

한 발 뒤에서 나를 바라보는 지혜가 필요합니다

불행한 가정에서 자란 사람일수록 내면의 불안감을 바깥세상에 투사하는 경우가 많습니다. 외로움이 많은 사람일수록 타인의 경험을 자신의 경험처럼 이해하는 능력이 부족합니다. 이런 사람들은 바깥세상을 무섭고 위험한 곳이라고 단정 짓고, 사람들과 어울리면서도 자기가 원하는 것이 무엇인지 잘 모릅니다. 그래서 그들은 별것 아닌 가벼운 농담도 심각하게 받아들이고, 다른 사람들보다 더 쉽게 상처를 받습니다.

그러나 그럴수록 부정적인 감정이 더욱 쌓일 뿐입니다. 한 발 뒤로 물러서서 자신을 냉철하게 볼 수 있어야 합니다. 세상을 있는 그대로 받아들이고 나 자신의 감정도 있는 그대로 바라보아야 합니다. 엉뚱한 곳에 화풀이하거나 혼자 외로워하지 말고 바깥세상에서 사람들과 어울려 살아갈 수 있도록 노력해야 합니다.

27. 남을 너무 믿는 경향이 있다면

진실한 사람은 속기 쉽습니다

사회에서 사람들과 부대끼면서 한 번쯤 손해를 입었던 사람이라면, 인간관계에 있어 타인과 일정한 거리를 유지하고, 가능하면 남을 믿지 않으려고 노력할 것입니다. 과거의 뼈아픈 경험은 우리에게 이렇게 충고합니다. '속임수에 넘어가는 것은 단호하지 못하고 원칙이 없기 때문'이라고 말입니다.

진실함을 삶의 원칙으로 여기는 사람과 달리 본래 진실하지 않은 사람의 눈에는 상대방이 어떤 부류 사람인지 더 확연하게 보이는 법입니다. 그래서 진실한 사람들이 오히려 그런 사람들에게 쉽게 속아 넘어갑니다.

남을 믿지도 말고, 나를 믿지도 마세요

남과 나를 철저히 믿기만 하는 것은 매우 흔한 '심리적 병'입니다. 상대에게 농락당하고도 여전히 남 좋은 일을 하는 것이 바로 이런 병의 증상이라고 할 수 있습니다.

내가 남을 속이지 않으면 남이 나를 속이는 이 정글 같은 사회에서 살아남으려면 남으로부터 자신을 지킬 수 있도록 적정 거리를 유지하는 것이 필수입니다. 습관적으로 남에게 자신의 모든 것을 내어주어서는 안 됩니다. 또한 그 누구도 전적으로 믿지 말아야 하며 자신은 절대 속지 않을 것이라고 확신해서도 안 됩니다.

나를 속이는 사람은 보통 내가 가장 믿는 사람입니다

정글 같은 사회에서 생존하려면 반드시 타인과 안전한 거리를 유지해야 하고 쉽게 남을 믿어서도 안 되지만, 그렇다고 내 주변의 모든 사람들을 사기꾼으로 의심할 필요는 없습니다.

이것만은 꼭 알아두십시오. 통상적으로 나를 속이는 사람의 대부분은 내가 가장 믿는 사람들이라는 것을요. 우리가 거짓에 속아서 제 것을 내어줄 수 있었던 이유는 그 상대를 믿어 의심치 않았기 때문이랍니다.

28. 과하게 자신을 방어하고 있다면

이해관계 앞에서는 경계할 수밖에 없는 현실

인간 사회에 속한 사람이라면 누구든 이해관계에 얽힌 채 살아갈 수밖에 없습니다. 제아무리 두터운 우정을 쌓은 친구라고 할지라도 의심하고 경계하는 태도를 버려서는 안 됩니다. 아무리 친한 친구라도 이익이 상충되면 당장 적으로 변할 수 있으니까요. 이해관계 앞에서 상대에게 경계심과 의심의 날을 세우는 것은 어쩔 수 없는 일입니다.

그렇다면 모두가 적이기만 할까?

그렇다고 모든 사람을 적으로 여기며 살 수도 없습니다. 이 사회는 음흉하고 위험한 곳입니다. 하지만 친구가 한 명 늘었다고 그만큼 나의 적이 줄었다고 할 수 없으며, 친구가 한 명 줄어들었다 해서 나의 적이 그만큼 늘었다고도 할 수 없습니다. 그러니 미래의 '친구'를 굳이 미리 자신의 '가상의 적'으로 생각할 필요는 없습니다.

방어적인 사람은 모든 책임을 남에게 떠넘긴다

자존감이 매우 약한 사람들은 타인을 적대시하고 불신하는 경향이 큽니다. 외로운 감정과 자신이 한없이 약해지는 기분이 동시에 몰려올 때 이를 몹시 견디기 힘들어하는 사람들, 타인과 함께 있을 때 이런 불안감을 느끼는 사람들이 그런 사람들입니다.

자존감이 약한 사람들은 타인에게 도움을 구하고 싶은 마음과 타인에게 의존하지 않겠다는 마음 사이에서 늘 갈등을 겪습니다. 그리고 결국에는 어떤 일의 책임을 남 탓으로 돌리는 방법으로 자신을 보호하고, 스스로를 위안하려는 인간 본능에 따르게 됩니다. 특히 내면의 '자기 보호' 기제가 심하게 발동되는 사람이라면 모든 책임을 남에게 떠넘기려 합니다. 그 상대가 평소 아주 막역한 친구일지라도 말입니다.

하지만 이렇게 친구를 잃는 것이 과연 내게 도움이 될까요? 정말 나에게 도움이 되는 게 무엇인지 진지하게 생각해볼 필요가 있습니다.

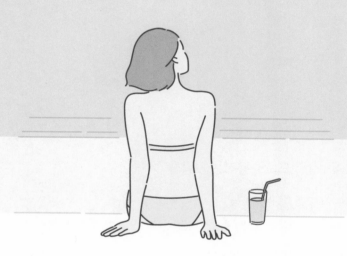

29. 누군가 나를 싫어할까 봐 걱정된다면

무조건적으로 수용하는 사람들

어떤 사람들은 남들에게 인정받는 '모범생'이 되기 위해서, 남들이 말하는 '함께 있으면 편한 사람'이 되기 위해서 타인의 잠재된 욕망까지 무조건적으로 수용하고, 타인과 나 사이에서 마찰을 일으킬 가능성이 있는 모든 것들을 애써 피하려고 합니다. 심지어 무조건적으로 수용하는 과정에서 나를 보호하는 방법을 찾기보다는 자신을 향한 모든 비평과 지적을 받아들이고 심지어 타인의 학대까지도 기꺼이 감내합니다.

사람들이 좋아하는 내 모습이 온전한 나는 아닙니다

사람들과 부대끼며 살아가야 하는 이 사회에서 우리는 혹여 '부적응자'라는 꼬리표가 달릴까 봐, 누군가에게 미움을 받을까 봐 걱정합니다. 그래서 남들이 좋아하는 사람이 되기 위해 자존심을 버리기도 하고, '호감형 인간'이 되기 위해 자신의 원칙을 저버리고 남에게 고개를 숙이기도 합니다. 하지만 그렇게 소원한 대로 '사람들이 좋아하는' 내가 되었다고 한들 정작 그 모습은 나 자신이 가장 싫어하는 사람의 모습일 것입니다.

지금 당신에게 중요한 것을 잡으십시오

사람들이 좋아하는 사람이 되려면 반드시 대가를 치러야 합니다. 자신의 원칙을 꺾어야 할 때도 많을 것이고, 그러다가 자기혐오에 빠질 위험도 크지요.

세상만사 얻는 것이 있으면 잃는 것도 있기 마련입니다. 얻는 것만 있고 잃는 것은 없는 경우는 이 세상에 존재하지 않습니다. 그러니 살아가면서 어느 것을 취하고 어느 것을 버릴 것인지 판단하고 행동해야 합니다.

사람들에게 사랑받기 위해 만들어낸 내 모습 덕분에 인기를 얻을 수는 있지만 그로 인해 내면의 안정감을 잃을 수도 있습니다. 당신에게는 무엇이 더 중요한가요? 지금 당신에게 중요한 것을 향해 걸어가십시오.

30. 이상을 위해 모든 것을 포기하고 있다면

이상을 따르는 사람들

공적인 일에 사사로운 감정을 개입시키지 않고 숭고한 이상을 따르는 사람들이 있습니다. 그들은 자신이 반드시 해야 할 일을 하고 있다고 굳게 믿습니다. 하지만 그 숭고한 이상과 현실 간에는 분명 괴리가 있을 겁니다. 그 괴리를 만났을 때 이상을 따르는 사람들은 자신의 현실적 욕망을 포기하면서까지 이상을 지키려 합니다. 이들은 자신에게 이렇게 말합니다. '더 중요한 것을 위해서는 결정적인 순간에 나의 욕망을 포기할 줄 알아야 한다'라고 말입니다. 그래야 스스로 상처받지 않을 수 있으니까요.

이상은 과연 얼마나 가치가 있을까요?

우리 주변에도 당장의 모든 것을 포기해서라도 자신이 꿈꾸는 이상과 인생의 목표를 이루려는 사람이 적잖게 존재합니다. 이를 테면 어떤 사람들은 높은 자리로 승진하기 위해 가족과 함께하는 시간을 포기하면서 매일같이 야근을 합니다. 또 상사에게 인정받기 위해 동료들과의 인간관계를 포기한 채 일에 몰두합니다. 하지만 승진을 해서 원하던 자리에 오르는 것이 가족과 주변 사람들에게 상처를 입히며 얻을 만큼 가치 있는 일일까요?

포기하는 법을 배우기 전에
어디까지 포기할 것인지 '한계선'을 정하세요

우리의 인생은 선택의 연속입니다. 그러니 상처받지 않기 위해 포기하는 법을 배운다는 말이 꼭 틀린 말은 아닙니다. 다만 포기에도 반드시 한계선, 즉 어디까지 포기할 것인지 정해둔 최후의 경계선이 필요합니다.

인생은 아주 먼 길을 걸어가야 하는 긴 여정인 만큼 너무 많은 짐을 이고 갈 순 없습니다. 어깨에 메고 있는 짐이 무겁다면 그 무게를 줄이세요. 하지만 짐의 무게를 줄이자고 모든 것을 내려놓을 수는 없습니다. 그래서 우리는 그 많은 짐들 중 어떤 것을 포기할 것인지, 또 아무리 무거워도 절대 포기할 수 없는 것이 어떤 것인지 판단하는 법을 배워야 하는 겁니다.

31. 맹목적으로 헌신하고 있다면

타인에게 맹목적으로 헌신하는 사람들

타인에게 관심과 사랑을 받는 것을 중시하고 거기서 안도감을 느끼는 사람은 그것을 얻기 위해 어떤 헌신도 마다하지 않으며, 어떤 대가도 감수합니다. 그들은 타인으로부터 관심과 사랑을 받을 수 있다는 전제하에 타인이 원하는 모든 것을 순순히 따릅니다. 왜냐하면 그들은 자신이 상대에게 헌신했듯이 상대 역시 자신에게 상처를 줄 일이 없을 것이라고 절대적으로 믿기 때문입니다. 정말 그럴까요?

상대가 배신하지 않을 거란 착각은 버리세요

인간의 본질적인 성향을 생각하면 상대가 당신에게 상처를 주지 않는 건 당신이 아직 '이용 가치'가 있기 때문입니다. 결코 당신이 그 상대를 아끼고 사랑해주기 때문이 아니에요. 하지만 그건 당신 역시 마찬가지일 것입니다. 당신이 누군가를 아끼고 사랑하는 것 또한 그 상대가 당신에게 '이용 가치'가 있기 때문일 테니까요.

그러니 절대 '사랑'의 힘을 과신하지도 말고, 타인의 관심과 사랑을 얻기 위해 희생을 마다하지 않는 바보 같은 짓도 하지 마세요. 물론 당신이 그토록 아끼고 사랑한 사람이 당신의 헌신에 당장은 감동할지도 모릅니다. 하지만 당신이 그 상대에게 이용 가치가 없어진다면, 혹은 당신에게 상처를 주는 것이 그 사람에게 이득이 되는 잔혹한 현실에 놓인다면, 그 상대는 주저 없이 당신의 등에 비수를 꽂을 것입니다.

이용 가치가 관계의 전제 조건임을 명심하세요

사람과 사람 사이의 '각별한 관계'는 모두 '이용 가치'를 전제로 성립됩니다. 일단 당신이 어떤 이의 업무나 삶에 도움이 되는 존재라는 전제가 있어야 그 사람이 평소에도 당신을 각별하게 대할 것입니다.

그렇다고 자신을 향한 모든 관심에 어떤 저의가 숨어 있을 것이라고 단정 짓지는 마세요. 진심 어린 관심도 있을 테니까요. 다만 어떤 대가를 바라는 것이 아닌 진심에서 우러나온 관심과 사랑은 주의 깊게 관찰해야 보인답니다.

32. 권력에 의지하고 있다면

권력이 나를 보호해줄 것이다?

어떤 이들은 권력을 통해서 불안감을 잠재우려고 합니다. 그들은 실질적인 권력을 가지거나, 성공 혹은 우위를 점하는 등의 방식으로 안정감을 얻습니다. 그렇기에 권력을 잃는 순간 불안해하고 초조해합니다. 또 그들은 권력이 자신을 다치지 않게 보호해줄 것이라고 굳게 믿습니다. 그들은 이런 좌우명을 가지고 있을 겁니다. '상처 받지 않기 위해서 더 강해지자.'

권력으로 얻은 안정감은
언제 터질지 모르는 풍선과 같습니다

강해지고 싶은 마음이 커진다는 것은 내면에 극도의 불안감이 잠재되어 있음을 의미합니다. 그리고 불안감이 클수록 그것을 남에게 들키고 싶지 않아서 더 긍정적인 척하며 숨기려 합니다.

하지만 남들에게 강한 모습을 보여줌으로써 얻는 안정감은 팽팽하게 공기를 주입한 풍선이 뾰족한 바늘에 펑 터지는 것처럼 한 순간에 사라질 수 있습니다. 강해져서 얻은 권력 또는 성공을 잃으면, 그것들로 인해 채워진 안정감 역시 구멍 난 풍선에서 바람이 빠져나가듯이 금세 사라질 것입니다.

권력은 불안을 잠시 마비시킬 뿐입니다

권력과 성취감을 통해 불안을 잠재우고 안정감을 얻으려는 욕구는 특정한 몇몇 사람에게만 있는 것이 아닙니다. 누구나 그런 마음을 조금씩은 갖고 있습니다. 우리는 권력과 성취감으로 불안한 마음을 마비시킬 것이 아니라, 권력과 성취감을 얻은 뒤에 불안함이 잦아들더라도 무엇이 나를 불안하게 만들었던 것인지 그 원인을 찾아야 합니다. 왜냐하면 마비는 상처의 고통을 잠시 잊게 해줄 뿐, 상처를 치유해주지는 않기 때문입니다.

제5부

우리는 매일 내 안의 나와 싸웁니다

우리는 속으로는 나쁜 마음을 먹으면서도 좋은 사람이라는
이야기를 듣고 싶어 하는 이중적인 면을 갖고 있습니다.
이런 이중적인 면모는 우리 마음속에
'두 개의 나'가 존재하기 때문에 나타납니다.
어떤 문제에 부딪혔을 때 우리가 쉽게 결정을 내리지 못하고
우유부단해지는 것도 마음속에서 줄다리기를 하는
'두 개의 나' 때문입니다.

33. 다른 사람에게 고개 숙이기가 죽을 만큼 싫다면

'상관없다'고 말하지만, 사실은 정말 상관있지 않나요?

사람들은 남에게 의존하기보다 정신적으로 독립하려고 노력합니다. 그러면서 세상 모든 일에 바람이나 기대가 전혀 없다는 듯이 말하기도 합니다. 그렇게 노력하다 보면 사람에게 상처받는 일이나 실망하는 일은 확실히 적어지겠죠.

그러나 '다 상관없다'는 식의 태도는 정말 아무것도 개의치 않는다는 뜻이 아닙니다. '상관없다'는 말은 본래 그 일을 별로 중요하지 않게 생각한다는 뜻이지만, 아이러니하게도 아주 중요한 일로 생각한다는 것을 의미하기도 합니다. 다만 그러한 자신의 마음을 외면하고 현실을 도피하기 위한 구실로 삼으려고 그렇게 말할 뿐이지요. 실상 어떤 일을 두고 "난 아무래도 상관없어"라고 말하는 사람일수록 '상관이 있는' 경우가 많습니다.

의지하기 싫은 게 아니라, 고개를 숙이기 싫은 것

다른 사람의 관심이 필요 없다고 말하는 사람들을 보면 대부분 정신적으로 남에게 의존하지 않으려는 심리가 강합니다. 그런데 이런 심리는 오히려 안심하고 기댈 수 있는 든든한 버팀목을 갈망하는 마음의 반작용인 경우가 많습니다.

이러한 내적 갈등의 원인을 단순히 자존심 탓으로 돌릴 수는 없습니다. 자존심은 다른 사람에게 도움을 받는다고 상하는 게 아닐뿐더러, 당신은 모든 것을 혼자서 할 수도 없을 테니까요.

자존심 때문에 간단한 문제를 복잡하게 만들지 마세요

우리는 종종 자존심 때문에 문제를 쉽게 해결할 수 있는 기회를 놓치곤 합니다. 자존심 때문에 조그만 부탁 한 번이면 해결될 일을 수습 불가능하게 만들기도 합니다. 아마 문제 하나를 해결하자고 남에게 고개를 숙이며 도움을 청하는 것이 싫어서일 것입니다. 하지만 체면을 지킨 대가로 결국 해결하기 더 어려워진 문제를 마주하게 될 뿐이죠. 뒤늦게 도움을 청하려 할 때에는 이미 손 쓸 수 없는 지경에 이르렀을지도 모릅니다.

34. 거절당하는 것이 두렵다면

당기고 싶은 마음과 밀어내는 행동

무모한 사람들은 목표를 지나치게 높게 설정했거나 목표에 이르는 과정을 단순하게 생각해서 세세한 것들을 놓칩니다. 이런 사람들은 열심히 노력해도 목표에 가까워지기 어렵고 주변 사람들과 갈등을 일으키기 쉽습니다.

원하는 바와 행동 사이의 이런 괴리는 인간관계에서도 자주 보입니다. 상대에게 억지를 부리면서도 의존하려 하고, 상대의 뜻에 따르면서도 제 생각을 상대에게 강요하는 것, 또 상대로부터 어떻게든 도망치려고 하면서도 상대의 관심을 갈구하는 모습이 이와 비슷합니다.

'두 개의 나' 사이의 끝없는 줄다리기

우리는 속으로는 나쁜 마음을 먹으면서도 좋은 사람이라는 이야기를 듣고 싶어 하는 이중적인 면을 갖고 있습니다. 이런 마음이 드는 이유는 누구나 마음속에 '두 개의 나'가 존재하기 때문입니다. 그래서 어떤 문제에 부딪혔을 때 '두 개의 나'가 서로 줄다리기를 하다가 쉽게 결정하지 못하고 우유부단해지고는 합니다.

먼저 헤어지자고 말하는 것이 이기는 것은 아닙니다

사람들은 어떤 상황에서 기대를 품으면서도 상처를 받을까 걱정하는 등 극과 극의 생각을 동시에 합니다. 자신에 대한 믿음이 없는 사람은 타인의 관심을 갈구하면서도 타인에게 거절당할까 봐 두려워서 오히려 멀어지려고 합니다. 나중에 혹시 상대에게 버림받을까봐 먼저 자기가 선수 치기를 선택하는 것입니다.

연인 사이에서 상대가 이별을 말할 것 같아서 걱정될 때, 먼저 헤어지자고 말하는 것 역시 이와 같은 심리입니다. 과연 먼저 헤어지자고 말하는 것이 상대를 이기는 일일까요? 아니면 단지 상대에게 차였다는 굴욕을 겪기 싫어서 도망치는 것뿐일까요?

35. 모든 상황을 이분법적으로 생각한다면

모든 일은 모 아니면 도?

사랑받고 싶고 인정받고 싶은 마음에 최선을 다하면서도, 상대에게 의존하지 않으려 하고 심지어 상대를 밀어내는 사람들이 있습니다. 사실 사랑받고 싶은 마음과 의존하기 싫은 마음, 두 마음은 그 자체로 서로 배치되고 갈등을 일으키는 것이 아닙니다. 진짜로 관계를 어렵게 만드는 것은 '모 아니면 도'라고 생각하는 이분법적인 사고에 기반해서 문제를 해결하려는 태도입니다.

모두에게는 같은 마음이 있습니다, 단지 크거나 작을 뿐

사람이라면 누구나 마음 한구석에 기대고 싶은 욕구가 있기 마련입니다. 다만 어떤 사람은 기대고 싶은 욕구가 크고 어떤 사람은 그 욕구가 작을 뿐입니다.

하지만 대다수의 사람들은 세상을 이분법적인 잣대로 평가하려 합니다. 사람에 대해서도 마찬가지고요. 이를테면 이 사람은 '사랑받고 싶은 사람', 저 사람은 '남의 사랑 따윈 필요 없는 사람', 이런 식으로 구분 짓습니다. 사랑받고 싶어 하는 마음과 사랑을 구걸하고 싶지 않은 마음은 누구에게나 다 있고 그 크기만이 서로 다를 뿐인데도 말이죠.

후회하지 않는다면, 최고의 선택을 한 겁니다

'흑백 논리'로 문제를 해결하려는 습관을 가진 사람들이 있습니다. 그러나 그런 문제 해결 방식이 꼭 잘못된 것은 아닙니다. 당신의 선택을 믿으세요. 당신이 신중하게 고민한 뒤 내린 결정이라면, 또 후회하지 않을 선택이라면 그것이 '흑'이건 '백'이건 상관없이 최고의 선택인 것입니다.

36. 문제의 원인을 다른 사람 탓으로 돌린다면

좋은 인간관계를 유지하기는 쉽지 않아요

다른 사람들이 나에게 친절하게 대해주고 충고해주고 나를 안쓰럽게 생각해주기를 바라는 마음은, 상대를 기쁘게 하고 싶고 상대의 마음에 들고 싶은 마음으로 이어집니다. 그러나 우정, 결혼, 사랑, 일에 있어서 자신과 타인의 관계가 그런 바람에서 벗어나면 크게 실망하지요.

그들은 열심히 사는 자신을 사람들이 왜 좋아하지 않는지 이해하지 못합니다. 그리고 결국 이렇게 결론을 내립니다. "다 저 사람 잘못이야. 저 사람이 어리석고, 내 말을 듣지 않았기 때문이야.

염치없이 뻔뻔해서 그래!"

솔직해지고 싶지만 잘못은 인정하기 싫은가요?

사실 우리가 우정, 결혼, 사랑, 일에서 부딪히는 모든 문제는 살면서 한 번쯤은 부단히 노력하며 해결하려 했으나 잘 해결되지 않았던 문제들입니다. 우리는 책임을 전가한다고 해서 자신에게 닥친 문제가 해결되지는 않는다는 것을 알면서도 모든 문제를 남에게 떠넘겨버리고는 하지요.

'난 정말 열심히 노력했어. 일이 이렇게 된 건 내 탓일 리가 없어'라고 생각하며 모든 잘못을 남에게 전가해봤자 실질적으로 달라질 게 없다는 것을 당신도 잘 알 겁니다. 다만 자신이 대면하고 싶지 않은 문제들로부터 잠시나마 도망치고 싶을 뿐이죠.

남을 방패막이로 삼을 시간에 해결책을 찾아보세요

스스로 해결할 수 없는 문제에 부딪혔을 때 어쩔 수 없이 남의 탓으로 돌린 적이 있나요? 만일 그렇게 함으로써 문제를 해결할 시간을 벌 수 있다면 잠시 남에게 잘못을 전가하는 선택은 당신에게 필요악이라고 볼 수도 있습니다.

하지만 꼭 한번 생각해보세요. 정말 남에게 책임을 떠넘겨야만 문제 해결을 위한 시간을 가질 수 있었나요? 혹시나 어쩔 수 없이 그렇게 했다면, 누군가를 억울하게 만들면서까지 얻은 그 시간을 허투루 써서는 안 됩니다. 반드시 그 시간 동안 문제를 해결할 방법을 찾고, 문제를 해결한 뒤 억울하게 희생양이 되어야 했던 그 사람과의 관계를 회복해야 한다는 것 또한 잊어서는 안 됩니다.

37. 변치 않는 사랑을 믿는다면

당신은 그 사람을 왜 더 이상 사랑하지 않나요?

우리는 '그 사람을 왜 사랑합니까?'라는 질문에는 쉽게 답하지 못하면서 '왜 더 이상 사랑하지 않습니까?'라는 질문에는 아주 명쾌하게 답하고는 합니다.

가령 당신에게 아주 깊이 오랜 시간 사랑해온 사람이 있다고 합시다. 하지만 어느날 갑자기 그 사람의 어떤 행동이 당신 마음에 들지 않거나 그 사람이 바라는 일이 당신의 생각과 전혀 다르다는 생각이 든다면, 당신은 화를 내거나 그 사람에게 품었던 마음을 의심하게 됩니다. 그리고 심지어는 그 마음을 가차없이 버리기도 합니다.

10년 동안 쌓아온 사랑이 10분 만에 깨질 수도 있습니다

"'우리'라는 마음이 만들어지는 데는 10년이라는 오랜 시간이 걸리지만, '우리'라는 마음이 깨지는 데는 단 10분이면 충분하다"라는 말이 있습니다. 그렇습니다. 두 사람이 서로에 대한 사랑을 느끼고, 확신하고, 상대를 마치 자기 자신처럼 느끼는 데는 어쩌면 10년, 때로는 그보다도 더 긴 시간이 필요합니다. 하지만 상대를 사랑하지 않는다는 확신을 갖는 데는 10일이라는 시간이면 충분하기도 합니다.

어떤 일로 연인 사이가 틀어지면, 곧바로 상대의 잘못과 단점만을 보게 됩니다. 자신이 왜 상대를 좋아하게 됐는지 그 이유를 다시 생각해보는 이들은 없습니다. 그렇기 때문에 그 짧은 시간 안에 상대를 사랑하지 않는 명확한 이유를 찾아내고 말지요.

사랑에도 공식이 있습니다

드라마 속 주인공 커플의 대화에서 종종 이런 대사가 나옵니다. "처음에는 내 그런 모습이 좋다고 말해놓고 이제 와서 싫어졌다고?" 서로 사랑하는 순간에는 단점까지도 아름답게 보이기 마련입니다. 하지만 사랑의 감정이 사라지면 단점뿐만 아니라 장점이라고 생각했던 부분마저 단점처럼 보이게 됩니다. 사랑을 시작하기 전에 부디 먼저 이런 사랑의 공식부터 깨우치길 바랍니다.

38. 당신 마음이 진실한지 확신할 수 없다면

세상엔 진실하지 않은 관계도 많습니다

상대를 어떤 목적을 달성하기 위한 도구로 삼고, 필요에 의해 교제하는 행위를 '진실한 사랑'에 비할 수는 없습니다. 이를테면 성욕을 채우기 위해, 결혼을 위해, 명예를 위해 누군가와 교제하는 것은 모두 진실한 사랑과 거리가 매우 멉니다.

마음에 없는 거짓된 호의를 표시하는 사람들이 있습니다. 예를 들면, 칭찬받기를 좋아하는 사람 A에게 맹목적인 찬사를 보내는 사람 B가 있습니다. B는 A가 자신의 아부성 발언을 좋아한다고 믿습니다. 그런데 또 다른 사람 C가 B의 찬사를 두고 아부라고 비난했고, 이 말을 들은 A는 불쾌감을 느낍니다. 결국 아부로 상대의 관심을 얻으려는 B의 목적은 한순간에 물거품이 되고 맙니다.

진실한 사랑에도 목적은 있습니다

이 세상의 모든 사랑에는 목적이 있습니다. 소위 진실한 사랑도 그렇습니다. 다만 그 목적이 나에게 이득이 되는 것인지 타인에게 이득이 되는 것인지에 차이가 있을 뿐입니다.

우리는 종종 사랑이라는 마음으로 엮인 누군가의 목적 달성을 위해 기꺼이 도구가 되곤 합니다. 반대로 사랑을 구실로 내세워 누군가를 목적 달성을 위한 도구로 삼기도 하고요. 간단히 말해서 우리는 모두 각각의 목적을 위해 누군가를 사랑하며, 또는 사랑하는 척하며 살고 있습니다.

말로는 '아부'을 싫어한다고 말하면서, 남들이 자신을 아부에 휘둘리지 않는 올곧은 사람이라고 칭찬하면 굉장히 기뻐하는 사람들이 있습니다. 이 세상에서 제 귀에 듣기 좋은 말을 싫어할 사람은 단 한 명도 없다는 사실을 반증해주는 모습이지요. 설령 상대가 하는 말이 '마음에 없는 말'일지라도 말입니다.

경계해야 할 것은 '아무 목적이 없는 사랑'

어쩌면 누군가는 이런 생각을 할지도 모릅니다. '진실한 사랑조차도 어떤 목적이 있다면, 계속 진실한 사랑을 믿어도 될까?'라고 말입니다. 그 답은 당연히 '계속 믿어야 한다'입니다. 왜냐하면 진실한 사랑의 목적은 사랑하는 사람을 위해 모든 것을 헌신하고, 어떤 보답도 바라지 않는 것이니까요. 정말 경계해야 할 건 오히려 '아무 목적이 없는 사랑'입니다.

39. 누군가에게 한없이 의지하고 싶다면

존재를 뒤흔드는 불안감

사람들은 애정을 갈구하는 누군가를 보며 "불안해서 그러는 거야"라고 쉽게 이야기하고는 합니다. 하지만 정작 자신에게도 그런 모습이 있다는 것은 잘 모르는 경우가 많지요. 왜냐하면 대다수의 사람들은 스스로가 불안감을 느끼고 있는지 모를뿐더러, 불안감에 사로잡혀서 혹은 불안감에서 벗어나려고 누군가의 관심과 사랑을 갈망하고 있다는 것은 더더욱 인지하지 못하기 때문입니다.

우리는 불안감을 느낄 때, 자신이 좋아하거나 믿고 의지하는 사람, 혹은 자신이 동경하는 사람만이 자신의 존재를 증명해줄 수 있다고 생각합니다.

혼자서 모든 것을 해결할 수는 없잖아요

우리는 종종 누군가를 자신의 '고민 해결사'로 생각합니다. 그렇게 생각하고 있다는 것조차 인지하지 못할 때도 많지요. 그러다 언젠가 그 해결사가 갑자기 자신의 삶에서 사라졌을 때, 그래서 아무것도 하지 못하는 자신을 발견했을 때에야 비로소 그 사람이 자신에게 어떤 존재였는지 깨닫습니다. 그 사람을 향한 자신의 마음이 마냥 순수하지만은 않았다는 것, 상대를 좋아한다고 생각했지만 실은 자신의 불안감을 덜기 위한 도구로 삼았다는 것을 알게 되는 것이죠.

그저 서로가 필요할 뿐입니다

모든 '관심'에는 목적이 있습니다. 내가 상대에게 갖는 것이든, 상대가 내게 갖는 것이든 마찬가지입니다. 이는 부정할 수 없는 사실입니다. 그 목적 중에는 내면의 불안감 해소도 있을 테고, 우울함에서 벗어나는 것도 있을 겁니다. 우리가 서로 관심을 가져줄 친구를 사귀는 가장 큰 이유도 이런 것들이죠.

당신이 누군가의 목적을 위한 수단이 될 수 있다는 이유로 이제부터 누군가를 사랑하지도 않고, 누군가가 당신에게 보이는 관심도 차단해야겠다는 생각은 접어두세요. 모든 관심과 사랑에 목적이 따르는 건 자연스러운 일입니다. 그 사실을 인정하고 받아들이세요.

40. 다른 사람들의 관심에 우쭐해 있다면

타인의 호의는 당신에 대한 관심에서 나왔다?

대부분의 사람들, 특히 관심과 사랑을 많이 받지 못하는 사람일수록 누군가의 도움을 바로 자신에 대한 관심으로 생각하는 경향이 있습니다. 가령 자신이 한때 무시하고 의심하던 사람이 당신에게 도움을 줬다고 가정해봅시다. 그때 당신은 그 상대가 자신의 생각과 달리 좋은 사람이라서 자신을 도왔다고 여기기보다 나에게 관심이 있어서 그랬다고 여길 겁니다. 당신이 그를 무시했던 행동이 틀렸음을 인정하지 않으려고 자신을 합리화하는 추측을 하는 것이죠. 게다가 누군가 나를 사랑하고 있다는 '착각'을 포기하게 되면 결국 아무에게도 사랑받지 못하는 슬픈 현실을 인정해야만 하니까요.

하지만 현실에서 누군가가 아무 사심 없이 당신에게 필요한 도움이나 애정 어린 관심을 주는 일은 일어나지 않습니다. 당신이 무시하고 의심했던, 심지어 당신 때문에 불행해진 사람이라면 더더욱 그렇고요.

당신도 알고 있지만, 믿고 싶지 않을 뿐입니다

타인의 도움이 당신에 대한 관심과 사랑에서 비롯되었을 거란 생각의 사이사이에 그것이 착각일 수도 있다는 의심이 전혀 끼어들지 않는 것은 아닐 겁니다. 다만 애써 외면할 뿐이지요. 사랑받고 있다는 달콤한 착각에서 깨어나고 싶지 않아서요. 그리고 그러한 착각으로 끊임없이 자신에게 최면을 겁니다. '나한테 감정이 없다면 그렇게 열심히 나를 도울 이유가 없잖아?'라고 말입니다.

때로는 달콤한 착각을 즐겨도 좋아요

사실 다른 사람이 나에게 관심을 가지고 있으며, 심지어 나를 사랑하고 있다고 생각하는 것만큼 흥분되는 일도 없을 것입니다. 그러니 중간 중간 끼어드는 현실 자각에 자기를 속이고 있다는 죄책감에 빠질 필요도, 서둘러 현실로 돌아올 필요도 없습니다. 누군가에게 사랑받고 있다는 꿈을 꾸는 동안에는 사랑받는 존재로서 행복감을 느낄 수 있으니까요. 적어도 자신이 만들어낸 달콤한 환상 속에서는 사랑받지 못할까 봐 걱정하지 않아도 되니까요.

제6부
누구나 실패를 경험합니다

우리는 모두 성공을 바라지만, 항상 성공할 수 없다는 것
또한 알고 있습니다. 그리고 주변 사람들이 실패한 일에는
꼭 성공해야 한다는 압박을 느끼지 않습니다.
하지만 주변 사람들 모두가 성공했을 때에는
'나만 성공 못하면 어쩌지' 하는 걱정과 불안을 느낍니다.

41. 소중한 것을 잃을까 봐 조바심이 난다면

인생은 산수가 아닙니다

평소에는 욕심 없이 대범하고 자유로운 영혼처럼 행동하는데, 상대로부터 어떤 이익을 취할 수 있겠다는 생각이 들면 그때부터 오히려 소심해지는 사람들이 있습니다. 그 이익이란 것은 자신에게 바로 도움이 되는 정보일 때도 있고, 먼 미래에나 얻을 수 있는 이익일 때도 있습니다. 당장 손에 쥘 수 없는 이익도 사람들의 행동을 바꾸기에는 충분합니다.

이러한 상황을 사랑하는 사람과의 관계에 대입해보면, 어떤 사람이 자신이 좋아하는 상대 앞에서 유독 나무토막처럼 뻣뻣해지거나 황공해하는 것을 넘어서 불안감까지 느끼는 것도 상대를 절실하게 원하기 때문이죠.

우리는 중요한 사람 앞에서 속수무책이 됩니다

사람들은 '나에게 필요한 사람' 앞에서 평상심을 잃는 경우가 많습니다. 특히 제 눈앞에 있는 사람이 자신에게 정말 중요한 사람일수록 더욱 꼼짝하지 못합니다. 물론 그 이유는 상대를 존경하고 좋아해서라기보다 득과 실을 저울질하는 마음 때문일 겁니다. 행여 그 사람에게 나쁜 인상을 남기면 그의 도움을 받지 못할 수도 있으니까요.

내가 아닌 나로 살아가지 마세요

나에게 필요한 사람 앞에 서면 유독 속수무책으로 되는 것은 지극히 정상적인 반응입니다. 어찌 생각해보면 내게 필요한 존재인 상대를 존중하는 표현이라고도 할 수 있습니다. 하지만 그렇다고 해서 비굴해지면서까지 누군가의 도움을 얻으면 과연 만족스러울까요? 부디 내가 아닌 나로 살아가지는 마십시오.

42. 눈앞의 문제를 회피하고 싶다면

살아가면서 마주하는 수많은 문제들

어떤 사람들은 자신이 이용당할지도 모른다는 걱정을 안고 살아갑니다. 그래서 누군가를 마주칠 때마다 내가 가진 것을 빼앗길까 두려워합니다. 택시 기사로부터 요금 바가지를 썼거나, 거스름돈을 덜 받은 불쾌한 경험을 할 경우 이런 사람들은 다른 사람들보다 더 강한 분노를 표출할 가능성이 높습니다.

남이 나를 속일지도 모른다는 생각을 가진 사람은 쉽게 누군가를 믿지 못하면서도 정작 자신이 맞닥뜨린 문제를 정면으로 돌

파하려고 하지 않습니다. 그저 자신의 문제를 회피하거나 막무가
내로 상대를 비난할 뿐입니다.

그 순간을 모면할 수는 있지만

대답하기 싫은 질문을 받았을 때, 사람들이 가장 잘 쓰는 방법
은 바로 대화의 화제를 돌리는 것입니다. 이를 테면 자신이 누군가
에게 이용당한 사실을 고백해야 할 때, 있는 그대로 이야기하기보
다 말을 얼버무리며 다른 이야깃거리로 상대의 주의를 전환하려
고 하죠. 하지만 상대의 주의를 돌리려고 새로 선택한 주제가 오히
려 더 자신을 괴롭히기도 하고, 이야기가 돌고 돌아 다시 말을 꺼
내기 싫은 원래의 화제로 돌아오기도 합니다.

'지금 바로'보다는 '확실히'

만약 자신이 반드시 해결해야 하는 문제로부터의 도피가 영원한 것이 아니라면, 멀리 도망치는 것이 아니라 잠시만 떨어져 있는 것이라면, 우리에게 도움이 되는 부분도 있습니다. 그동안 우리는 자신이 부딪혀야 하는 문제에 대해 생각할 시간을 조금이나마 벌 수 있으니까요.

막무가내로 문제에 맞닥뜨려서, 어떻게 해결하면 좋을지 충분히 고민하지 않은 채 울며 겨자 먹기 식으로 대응하는 것은 진정한 정면 돌파가 아닙니다. 그저 남들 눈에 자신이 무능력하고 겁쟁이처럼 보이기 싫어서 되는대로 넘겨버리려는 심산에 불과합니다.

43. 나를 다른 사람과 자꾸 비교한다면

모든 사람이 당신의 경쟁자는 아닙니다

늘 자신을 타인과 비교하는 사람들이 있습니다. 전혀 그럴 필요가 없는데도 말입니다. 물론 모든 경쟁에는 상대가 있기 마련이고, 경쟁에서 이기고 싶은 마음은 당연합니다. 하지만 늘 자신을 남과 비교하는 사람은 자신과 경쟁관계도 아니고, 경쟁을 원하지도 않는 사람에게까지 비교 잣대를 들이댑니다.

남들보다 더 총명하고, 더 매력적이고, 더 환영받는 사람이 되고픈 마음은 누구에게나 있습니다. 하지만 늘 남과 비교하는 사람은 마치 경주마에 탄 기수처럼 어떻게 하면 남들을 앞지를 수 있을 지만 생각하게 됩니다. 마치 자기 자신이 원하는 곳에 다다르는 것 보다 어디로 가든 다른 사람보다 먼저 도착하기만을 바라는 것처 럼요.

남들이 원하는 것과 당신이 원하는 것을 혼동하지 마세요

무슨 일에서든 얻는 것이 있으면 잃는 것도 있기 마련입니다. 머릿속이 온통 '어떻게 하면 남들보다 앞설 수 있을까'라는 생각으 로 꽉 찬 사람은 경쟁을 즐길 수 없습니다. 꼭대기만을 보면서 올 라가는 사람은 과정의 즐거움을 느낄 수 없으니까요.

또한 남들보다 앞서나갈 생각만 하다 보면, 자신이 좋아하는 일보다는 남들이 바라는 것, 유명세를 떨칠 수 있는 일에만 집중하 게 됩니다. 자신이 무엇에 행복을 느끼는지 찾아볼 여유도 가지지 못한 채 말이에요.

포기한 것보다 더 큰 것을 얻었나요?

남보다 앞서려면 그 대가로 자신이 진정으로 좋아하는 일을 포기해야 하는 순간이 옵니다. 그렇다면 당신이 남들을 제치고 얻어낸 결실의 가치는 지불한 대가보다 얼마나 큰가요? 만일 남보다 앞서나감으로써 얻어낸 결실보다 그 과정에서 당신이 희생한 것이 더 크다면, 경쟁에서의 승리가 도대체 무슨 의미가 있을까요? 한번 신중히 고민해보세요. 과연 그러한 대가를 치르면서까지 남을 앞지를 필요가 있는지를요.

44. 꿈을 잃어버린 지금의 모습이 서글프다면

우리는 나이가 들수록 꿈을 잃어갑니다

누구나 유년시절에는 제2의 나폴레옹, 세계를 전쟁으로부터 구해내는 영웅이 되는 것처럼 큰 꿈을 가지고 있었을 것입니다. 어른이 된 후 그런 야망이 사라진 자신의 모습에 쓸쓸해하며 도전 정신이 충만했던 그때로 돌아가고 싶다고 생각하는 사람도 있을 테고요.

혹시 '나에게 그런 원대한 포부가 있었던가?' 하고 반문하고 있다면, 당신은 야망이 완전히 억제된 채 살아가고 있는 걸지도 모릅니다. 그리고 만약 당신의 과거 기억을 끄집어내줄 최면술사가 나타난다면 당신도 허무맹랑한 꿈을 꿨던 적이 있다고 인정할 수밖에 없을 것입니다.

너무 비현실적인 꿈은 망상

누구나 어렸을 적에는 지금 생각하면 말도 안 되는 환상을 꿈꿔봤을 겁니다. 하지만 어른이 된 지금에 현실과 너무 동떨어진 꿈을 꾼다면 그것은 영원히 실현 불가능한 망상이 됩니다.

가령 어떤 사람이 송중기보다 더 잘생겨져서, 혹은 송혜교보다 더 예뻐져서 자신이 좋아했던 사람을 본체만체하거나 심지어 없는 사람처럼 취급하는 상상을 할 수도 있습니다. 하지만 이런 종류의 환상은 한마디로 망상일 뿐입니다.

꿈을 향하는 길은 단 하나가 아니에요

우리가 꾸었던 꿈이 지금 살아가는 모습을 결정지은 것은 아닙니다. 하지만 그 꿈을 위해 어떤 노력을 했느냐는 지금 우리 모습에 큰 영향을 미쳤을 것입니다.

어렸을 적 아이언맨 혹은 스파이더맨처럼 초능력을 갖고 세상을 구하는 꿈을 꾼 사람은 많지만, 누구도 아이언맨이나 스파이더맨이 될 수는 없습니다. 하지만 그렇다고 그런 꿈을 절대 이룰 수 없는 것은 아닙니다. 노력에 따라서는 아이언맨이나 스파이더맨을 연기하는 연기자가 될 수도 있고, 적어도 그들처럼 이 사회를 더 아름답고 평화롭게 만들고자 하는 정의감과 긍정적인 마인드는 가질 수 있습니다.

45. 끊임없는 경쟁이 당신을 기다린다면

나의 성공보다 남의 실패를 더 바라는 마음

현대사회에서 어느 한쪽의 성공은 다른 한쪽의 실패를 의미합니다. 그래서 경쟁 속에서 적대적 관계가 형성되기 마련이고요. 개인주의 문화에 존재하는 수많은 경쟁은 실상 이런 파괴력을 가지고 있지만, 사람들은 이런 성격을 경쟁의 한 요소로 볼 뿐 병적인 상태라고는 생각하지 않습니다.

이런 사람들은 자신의 성공보다 타인의 실패를 더 보고 싶어 하는 경향이 있습니다. 그렇기 때문에 경쟁을 건설적인 방향으로 추진하기보다 파괴적인 방향으로 이끌어갑니다. 그러니 정상적인 상태라고 볼 수가 없지요. 이렇게 병적인 상태의 야심을 갖고 있는 사람들은 그런 성향이 심해지면 자신의 성공 기회를 버려가면서까지 상대를 짓밟으려 합니다.

홀로 남겨질까 두려운가요?

자신의 성공이 아닌 남의 실패를 목 빠지게 기다리는 사람들. 이런 사람들이 우리 주변에도 꽤 많습니다. 이들은 주변 사람들이 성공보다 실패를 더 많이 하면 자신이 성공하지 못해도 그리 화젯거리가 되지 않을 거라고 생각합니다.

기대와 다르게 주변 사람들이 실패보다 성공을 더 많이 하면 이들은 오히려 반드시 성공해야 한다는 압박을 느끼게 되고, 하다 못해 자신만 완전히 뒤처져버리지는 않을까 하는 초조함을 느낍니다. 그래서 그들은 어떻게든 자기 뒤에 누군가를 두려 합니다. 패배자가 되지 않을 수 있다면, 최후의 승자는 자신이 아니어도 상관없다고 생각하면서 말입니다.

함께 이기는 경쟁

이 치열한 경쟁사회는 '성공하고 싶으면 반드시 남 위에 올라
서야 한다'고 말합니다. 하지만 생각을 달리해보세요. 반드시 한쪽
이 이기고 다른 한쪽은 지는 경쟁이 아닌 서로 윈윈하는 경쟁을 할
수 있을지도 모릅니다. 그러면 자기의 성공을 위해 꼭 상대를 쓰러
뜨릴 필요가 없어집니다. 경쟁과 협력이 공존하는 상황에서는 서
로 자신에게 필요한 것을 얻고 모두에게 이익이 되는 결과를 만들
어낼 수 있으니까요.

46. 중요한 일을 앞두고 잘 해낼 수 있을지 두렵다면

두려움은 자연스러운 감정입니다

우리는 모두 두려움을 가지고 있습니다. 그리고 이런 두려움을 어떻게 활용하느냐에 따라 긍정적인 결과를 낳기도 하고 부정적인 결과를 낳기도 합니다.

실패의 경험 때문에 두려움을 가지게 된 사람들은 다음번에는 실패하지 않기 위해 더 열심히 노력합니다. 노력의 결실은 시험이나 프레젠테이션 등 자신의 능력을 검증받는 중요한 순간이 오면 한꺼번에 드러납니다.

이와 반대되는 결과를 가져오는 두려움도 있습니다. 어떤 대회에 참여하거나 입사 면접시험을 볼 때 자신의 야망이 드러날까 두려워하는 사람도 있을 것입니다. 그런 경우 당신은 야망을 감추기 위해 다른 양상의 반응을 일으킬 것입니다. 이를테면 모든 일에 흥미가 없는 척하고 아무 노력도 하지 않는 것 말입니다.

두려움 극복의 시작점은 원인 찾기

사실 우리가 느끼는 두려움의 근원에는 미래에 무슨 일이 벌어질까에 대한 궁금증도 있지만, 내가 얻을 수 있는 것과 잃을 수 있는 것을 저울질하며 이에 연연하는 마음도 있습니다.

앞으로의 인생에 지대한 영향을 끼칠 수 있는 시험 또는 경쟁을 앞두고 있을 때, 반드시 성공해야 한다는 압박감은 실패할지도 모른다는 두려움과 불안감을 초래합니다. 대부분의 사람들은 이런 상황에서 두려움을 극복하기 위해 차분히 현실을 직시해야 한다고 말할 것입니다.

하지만 평상심으로 그 상황에 대응하는 것은 너무 소극적인 방법입니다. 그보다는 시험 또는 경쟁에 참여할 때 생기는 두려움의 원인이 무엇인지 찾아내는 편이 훨씬 적극적으로 문제를 해결할 수 있는 방법입니다.

두려움을 어떻게 활용할지는 당신에게 달려 있습니다

두려움은 물과 같습니다. 물은 배를 띄워주기도 하지만 뒤집을 수도 있지요. 두려움이 유발하는 불안감과 초조함은 그 자체로는 우리를 힘들게 하지만, 우리를 더 노력하게 하는 추진제가 될수도 있습니다. 우리는 두려움이 가진 긍정적인 에너지를 잘 활용해야 합니다. 성공과 실패를 가르는 결정적인 순간에 두려움이 나를 잠식하는 것을 막고 오히려 방패로 사용하세요. 그래야만 공든 탑이 무너지지 않을 수 있습니다.

47. 자신에게 쏟아지는 관심이 버겁다면

회피, 가장 쉽지만 아무것도 바꿀 수 없는 방법

어떤 사람들은 자신의 외모를 예쁘게 또 멋있게 꾸미기보다 차라리 용모나 옷차림에 무신경한 사람으로 보이기를 선택합니다. 예쁘고 멋진 외모를 가졌음에도 자기 외모가 평범하다고 생각하는 사람들은 화장을 하거나 멋진 차림새로 사람들이 많은 장소에 나서는 것을 꺼립니다. '꾸미는 것'이 자신의 우스꽝스러운 모습을 남들 앞에 드러내는 것이라고 생각하기 때문입니다. 그리고 사람들이 자기 뒤에서 "우습다, 미운오리 새끼도 열심히 꾸미면 백

조가 되는 줄 아나봐"라고 말하며 비웃을까 두려워합니다.

자신을 드러내는 것도 일종의 용기입니다

어떤 이들은 사람들의 관심이 자신에게 쏠리는 것을 꺼리며 있는지 없는지도 모르는 존재로 살고 싶어 합니다. 그리고 아무것도 하지 않는 것이 그러기 위한 가장 좋은 방법이라고 생각합니다. 남들 입방아에 오르내리지 않으려고 자신이 하고 싶은 일을 포기하기도 하고요. 이런 모습은 누구에게도 공격의 대상이 되지 않을 수 있는 현실적이고 똑똑한 처신으로 보일 수도 있습니다. 하지만, 실질적으로 그들은 문제에 봉착하면 지레 겁을 먹고 뒷걸음질 치는 겁쟁이에 불과합니다.

스스로 떳떳하다면 그걸로 충분합니다

너무 튀는 모습은 사람들에게 표적이 될 수 있습니다. 그래서 어떤 사람들은 최대한 겸손하게, 자신을 드러내지 않고 평범하게 사는 것이 이 세상을 살아가는 현명한 방법이라고 생각합니다. 하지만 경쟁사회에서 무조건 나를 감추는 것은 너무 보수적이고 소극적인 태도이며, 그런 식으로는 어떤 일도 이룰 수 없습니다.

자신을 너무 감추려 하건, 돋보이려고 애쓰건, 중요한 건 당신의 마음입니다. 자신이 하는 행동이 모두 스스로 떳떳하고, 남에게 당당하면 그걸로 된 것 아닐까요?

48. 다른 사람들이 모두 나보다 잘나 보인다면

나를 낮추는 게 상대를 존중하는 것?

우리는 종종 똑똑한 사람과 대화를 나누면서 상대보다 못난 모습을 보이려고 하거나 자신보다 못한 사람을 드높이려고 합니다. 토론을 할 때도 목소리에 무게를 싣고 자기 의견을 분명하게 말하기보다 간단하고 두루뭉술한 발언을 하며 누군가에게 인상을 남기지 않으려 하고요. 이런 성향을 가진 사람은 비유하자면 다른 음악가와 합주를 할 때 일부러 형편없이 연주하는 음악가와 같습니다. 그는 그런 행동이 상대를 높여주는 일이라고 생각할 것입니다.

타인의 평가를 있는 그대로 받아들이세요

자기를 비하하는 사람들은 열등감과 아집으로 똘똘 뭉쳐 있습니다. 열등감 때문에 스스로 고통스러워하고 그런 자신을 원망하면서도 그러한 사고방식을 바꾸려 하지 않습니다. 그리고 누군가가 자신을 우수한 인재라고 평가하면, 과대평가이거나 자신의 허세에 속은 것이라고 생각합니다. 뿐만 아니라 자신을 치켜세워주는 사람을 진심이 전혀 없는 아첨쟁이라고 비아냥거리거나 불순한 동기 혹은 다른 목적을 가진 사람이라고 매도하기도 합니다.

누구보다 자신을 믿어야 합니다

자기를 비하하는 성향에 대해 어떤 사람들은 기준이 분명하지 않은 것뿐이라고 말합니다. 습관적으로 자기 비하를 하는 사람들은 남들이 잘한 일은 실력 덕분이라고 치하하면서 자신이 잘한 일은 우연한 성공으로 치부해버리니까요. 그리고 분명히 칭찬받아마땅한 일임에도 어떻게든 자신의 성과를 깎아내리려고 합니다.

하지만 지나치게 자신을 낮추는 행동은 단지 불분명한 기준의 문제가 아닙니다. 근본적인 원인은 나에 대한 믿음이 없는 것입니다. 자신에 대한 믿음이 굳건해지고, 자신감이 충만해지면 자기를 비하하는 사고방식도 바꿀 수 있습니다.

제7부

애써 담담한 척할 필요 없어요

사람들 앞에서는 상대의 행동을 이해한다고 말하면서
속으로 화를 억누르는 사람들이 있습니다. 이처럼 불만을
감추고 포용하는 척하는 사람들은 때로 '자학'으로
상대방의 죄의식과 죄책감을 불러일으키기도 합니다.
이런 행위의 목적은 바로 상대방에게
'감정적 협박'을 하는 것입니다.

49. 당신에게 소홀해진 누군가로 인해 마음이 아프다면

상대의 시선을 자꾸만 신경 쓰는 이유

자존감이 낮은 사람은 대수롭지 않은 거절 혹은 무관심에도 힘들어합니다. 약속 시간이 변경되어 잠깐 기다려야 하는 상황에 놓이면, 혹은 자신의 제안에 대해 즉각적인 답을 듣지 못하거나 거절을 당하면 상대가 자신을 홀대하거나 무시했다고 생각합니다. 그리고 그런 생각은 모욕감을 불러일으킵니다.

더 상처받기 전에 먼저 멀어지는 게 낫다?

자존감이 낮은 사람은 상대가 무심코 한 행동이나 말을 고의로 받아들이고, 부풀려서 해석합니다. 이렇게 쉽게 상처를 받는 이유는 자신에 대한 믿음이 없기 때문입니다. 그래서 타인이 제 의견에 흔쾌히 찬성해주고, 자신의 일에 관심을 가져주는 것으로 낮은 자존감을 메우려 하는 것입니다.

그들은 상대가 행여 자신의 제안에 흔쾌히 응하지 않거나 대답을 미루면, 그것을 곧 거절의 신호라고 속단합니다. 그리고 확실한 거절의 말을 듣고 더 상처받기 전에 알아서 물러나려 합니다.

우리는 남에게 인정받기 위해 살아가는 게 아니잖아요

물론 정말 고의적으로 당신을 차갑게 대하는 사람도 있을 것입니다. 그렇다고 거기에 너무 신경 쓸 필요는 없습니다. 우리가 살아가는 목적은 다른 사람의 인정을 받는 것이 아니니까요. 누군가 일부러 당신의 자존심을 상하게 하기 위해 냉대를 했을 때 그런 태도에 당신이 상처 받고 좌절하는 것이야말로 상대가 바라던 바임을 잊지 마세요.

50. 거절을 당할 때마다 심하게 위축된다면

거절당하기 싫은 건 모두 마찬가지

거절당하는 것을 좋아하는 사람은 없습니다. 대부분 거절에 대한 두려움을 가지고 있죠. 그리고 그 두려움은 거절에 대한 방어기제를 만들어냅니다.

거절당하지 않으려는 마음은 행동을 적극적으로 바꾸거나 상대와의 관계 변화를 이끌어내기보다 오히려 아무것도 하지 않는 쪽으로 이어지는 경우가 많습니다. 그런 사람은 자신이 사랑받지 못하는 존재이기 때문에 상대가 자신의 부탁을 들어주지 않는 것은 어쩔 수 없는 일이라고 여기며 스스로 이렇게 되뇝니다. '어떻게 해도 난 결국 미움을 받는 사람이야. 그러니까 거절을 당할 일이 없도록 최대한 아무것도 하지 말자.'

거절에 대한 두려움과 소극적인 대처는 내가 거절당하기보다 무언가를 같이 하고 싶어 한다는 것을 상대가 느낄 수 있는 가능성조차 아예 차단해버립니다. 결국 거절에 대한 두려움과 이로 인한 소극적인 행동이 당신을 함께할 생각이 전혀 없어 보이는 존재로 만드는 악순환이 생기는 것입니다.

없는 사람처럼 지낸다고 현실이 변하지는 않아요

누군가 나라는 존재를 어떻게 생각하는지 의식하는 사람일수록 타인의 반응을 신경 쓰고 사소한 변화에도 불안감을 느끼기 마련입니다. 그들은 타인이 자신을 좋아하지 않는다고 느끼는 순간부터 앞으로 자신이 하는 모든 부탁은 거절당할 것이라고 생각합니다. 그리고 그들이 생각하는 '타인에게 거절당하지 않을 최고의 방법'이란 바로 없는 존재처럼 아무 말도 하지 않고 가만히 있는 것입니다.

하지만 이렇게 거절을 당할 수 있는 모든 가능성으로부터 자신을 보호하기 위해 남들 앞에서 자동적으로 '없는 사람'으로 변한다고 해서 냉대받고 있는 현실이 과연 달라질까요?

'거절당할 용기'를 키우면 더 자유로워질 수 있습니다

누군가 정말로 당신을 차갑게 대하고 당신이 하는 모든 부탁을 거절한다 해도, 너무 두려워하지 마세요. 상대로부터 거절당하지 않기 위해 아무 말도 하지 않을 필요는 더더욱 없습니다. 왜냐하면 당신이 그렇게 행동한다고 해도 차가운 그의 태도는 달라지지 않을 것이기 때문입니다.

가장 좋은 방법은 '냉대를 받아도, 거절을 당해도 위축되지 않을 용기'를 키우는 것입니다. 시각을 조금 달리하면 냉대를 받는다는 것은 사실 기뻐할 일입니다. 더 이상 그 사람의 눈치를 보지 않고 온전한 나로 행동할 수 있다는 뜻이니까요.

51. 일방적으로 희생하고 있다면

왜 희생을 감수하나요?

자신이 사랑하는 사람을 위해 어떤 희생을 하는지, 혹은 상대가 자신을 위해 얼마나 희생하는지를 자랑하듯 떠벌리는 사람들이 있습니다. 그들은 상대에게 요구하는 것들이 모두 합리적인 것이라고 생각할 뿐 아니라, 자신이 상대방에게 최우선 순위가 되길 바랍니다.

어쩌면 그들은 상대의 잠재의식에서조차 자신의 존재가 매우 클 것이라고 생각할지도 모르겠습니다. 그 생각이 꼭 틀린 것만은 아닐 것입니다. 왜냐하면 그들은 상대를 위해 정말 많은 희생을 했을 테니까요. 물론 그들이 원해서 한, 일방적인 희생이었겠지만요.

그들이 일방적인 희생을 감수하는 이유는 자신에 대한 믿음이 부족하기 때문입니다. 그렇기 때문에 그들은 자신이 먼저 희생하면 상대방도 자신에게 그렇게 해줄 것이라고 기대하고 또 상대에게 의지하는 것입니다.

자신의 행동을 과대 포장하는 사람들

남에게 "내가 너를 얼마나 생각하는 줄 알아?"라는 말을 자주 하는 사람들이 있습니다. 그렇다고 상대가 항상 본인 입장을 먼저 챙기고 그 다음에 다른 사람을 생각하는 것은 아닙니다. 그런데도 자신이 상대를 훨씬 위한다고 생각하는 사람들은 종종 자신이 남을 위해 한 사소한 일을 큰 일이라도 되는 것처럼 부풀립니다. 심지어 그 과대 포장된 사소한 일을 마치 자신이 상대를 위해 한 대단한 희생이라도 되는 것처럼 생각합니다. 설사 그 사소한 일이 정

말 남을 위한 희생이었다고 할지라도 남들도 그렇게 생각하리라
는 보장은 없습니다.

남을 도울 때에는 손해를 보지 않는 선에서

남을 생각하기에 앞서 자신의 입장을 먼저 생각하는 것이 인
간의 본성입니다. 그 본성을 조금이라도 파악하고 있는 사람이라
면 "내 이익은 전혀 중요하지 않다"는 말이 얼마나 위선적인지 알
것입니다. 오히려 솔직하게 "내가 손해 보지 않는 선에서는 도와
줄 수 있다"는 말이 더 신뢰할 만하지 않을까요?

52. 다른 사람의 잘못을 감싸주기 힘들다면

죄의식은 마음에 지옥을 만듭니다

어떤 사람들은 '포용'으로 상대방의 죄의식을 불러일으킵니다.

여기 결혼 생활 내내 외도를 일삼던 남편과 그로 인해 마음고생을 하다 병을 얻어 몸져누운 아내가 있습니다. 아내는 병석에서도 여전히 남편을 비난하지 않습니다. 그녀의 머릿속은 남편에 대한 원망으로 가득 차 있을지 몰라도 전혀 내색하지 않습니다. 오히려 남편을 따뜻하게 대하지요.

하지만 남편 입장에서 생각하면 병을 얻은 아내를 지켜보는 일이 마치 살아서 맞이한 지옥과 같을 것입니다. 그녀의 마음과 무관하게 남편은 아내의 상태에 죄책감을 느끼고, 모든 관심을 그녀에게 집중할 수밖에 없으니까요. 어쩌면 그게 그녀의 가장 잔인한 복수일지도 모릅니다.

진심 어린 포용과 거짓 포용의 차이

남들 앞에서는 상대가 왜 자신에게 그렇게 할 수밖에 없었는지 이해한다고 말하면서 속으로는 상대를 향해 바득바득 이를 가는 사람들이 있습니다. 이처럼 불만을 감추고 포용하는 척하는 사람은 '자학'이라는 방법으로 상대방의 죄의식과 죄책감을 불러일으킵니다. 이런 행위의 목적은 바로 상대방에게 '감정적 협박'을 하는 것입니다.

필요한 것은 단지 조그마한 관심

사실 포용으로 상대방의 죄책감을 자극하는 것은 누구나 할 수 있는 일입니다. 자신의 잘못으로 피해를 입은 상대가 오히려 그 잘못을 감싸준다면 누구나 더 미안함을 느낄 테니까요. 차이점이 있다면 어떤 사람들은 진심으로 포용을 하고, 다른 어떤 사람들은 포용하는 척만 한다는 것입니다.

그러나 포용하는 척하는 사람을 위선자라고 간단히 재단해버릴 수 있을까요? 그가 바라는 것은 어쩌면 상대방이 죄책감을 갖는 것이 아니라, 자신이 포용하는 모습을 보여준 만큼 자신에게 조금 더 관심을 가져주고 조금 더 잘해주는 것뿐인지도 모릅니다.

53. 궁지에 내몰려 있다면

파괴적인 행동은 아무도 구원하지 못합니다

'협박'은 무언가를 자연스럽게 얻어낼 수 없을 때, 하지만 수단과 방법을 가리지 않고 그것을 얻어내야 할 때 사용됩니다.

어떤 사람들은 관심을 얻기 위해 협박이라는 수단을 사용하기도 하는데, 이때 인질이 되는 것은 자기 자신 또는 상대방입니다. 협박을 할 때에는 주로 파괴적인 행동을 저지르겠다는 식의 말을 내뱉습니다. 예를 들면 누군가의 명예를 실추시키겠다든가, 상대 또는 자신을 해하겠다는 발언을 합니다. 상대방에게 "네가 날 사랑해주지 않으면 난 살아도 아무 의미가 없어. 그냥 죽어버릴 거야"라고 말하는 것 또한 이런 사람들이 하는 감정적 협박 중 하나입니다.

막다른 길을 만났다면 되돌아 나오세요

감정적 협박의 목적 역시 일반적인 협박과 같습니다. 자신이 원하는 것을 얻는 것, 바로 상대가 자신의 요구에 따르도록 만드는 것입니다. 그렇기 때문에 목적을 달성하면 협박의 말을 이행하지 않습니다. 하지만 반대로 상대가 자신의 요구를 들어주지 않아서 자신의 바람이 완전히 물거품이 되면 실제 행동으로 옮겨 상대나 자신을 해하기도 합니다.

아주 작은 희망의 가치

　희망이 완전히 사라진 상태가 아니라면 이성을 잃고 무작정 위협적인 행동을 할 사람은 없습니다. 다시 말해 감정적 협박을 실제 행동으로 표현하는 것은 절망과 복수심으로 가득 차 있기 때문입니다. 그러니 자신이나 상대를 위협하며 감정적인 협박을 하는 사람이 있다면, 아직 희망이 존재한다는 것을 깨닫게 해주세요. 그러면 그가 다른 사람은 물론이고 자신까지도 망가트리는 감정적 협박의 방아쇠를 당기지 않도록 할 수 있습니다.

54. 예상치 못한 일이 생길 때마다 불안해진다면

왜 마음을 놓지 못할까요?

우리는 살아가면서 나 자신조차 마음대로 할 수 없는 수많은 순간들을 맞닥뜨립니다. 그럼에도 어떤 사람들은 항상 자기 자신뿐만 아니라 남까지 모두 통제하고 싶어 하고, 모든 것이 자기 뜻대로 움직이기를 원합니다. 그리고 누군가 자신에게 무언가를 숨기거나, 자신이 짜놓은 각본대로 움직이지 않으면 화를 주체하지 못합니다.

그러나 상대를 통제하고 싶어 하는 사람에게 통제욕을 참는 것이 전혀 불가능한 일은 아닙니다. 왜냐하면 통제욕이 강한 사람도 다른 사람들에게 '통제광'이 아닌 남을 존중하고 배려할 줄 아는 사람으로 비춰지길 바라기 때문입니다. 심지어 본인조차도 자신이 그런 사람이라고 믿고 싶어 합니다.

통제욕이 강해질수록 작은 일에 집착합니다

통제하고 싶은 욕구를 드러내지 않으려 억누르면 이는 다른 신체적·감정적 반응으로 나타납니다. 예를 들어 자신의 이성친구가 다른 사람과 데이트를 하거나 자신에게 인사를 하지 않고 집에 가는 등 별것 아닌 사소한 일에 기분이 한없이 가라앉습니다. 또 두통이나 소화가 잘 되지 않는 등의 증상이 나타나기도 합니다. 하지만 이런 증상들이 왜 생겼는지 정확한 원인은 찾지 못하고 괜히 날씨, 다이어트 혹은 컨디션 탓으로 돌리는 경우가 많습니다.

이런 유형의 사람들은 사소한 부분이 조금만 어긋나도 편하게 넘기지 못합니다. 그래서 무엇을 하는 과정에서 착오가 생기면 과하다 싶을 정도로 화를 냅니다. 이런 성향은 자신의 통제욕을 적절히 조절하는 법을 모르기 때문에 만들어졌을 가능성이 높습니다.

큰 기쁨은 예상치 못한 일에서 생깁니다

반드시 자신이 모든 일을 통제해야 한다고 생각하는 사람은 대부분 마음을 편히 가지지 못합니다. 남들에게는 별것 아닌 일인데도, 아직 그 일이 자신에게 닥친 게 아닌데도 한없이 심각하기만 합니다. 달리 말하자면 통제욕은 그냥 모든 일이 자신이 예상한 범위 안에서 일어나길 바라는 '자기 보호' 행위인 것입니다.

그런데 통제욕을 가진 사람들이 모르는 것이 있습니다. 우리 인생에서 가장 근사한 일들은 바로 예상치 못했던 순간에 일어난다는 사실 말이죠.

LUCKY DAY!!

55. 내면의 약한 모습을 들키고 싶지 않다면

우리는 때로 분노라는 보호막 뒤에 숨습니다

상대가 자신이 요구한 일을 제때 마치지 못했을 경우에 극도로 흥분하며 화를 내는 것은 인내심이 부족하기 때문입니다. 인내심이 부족한 사람은 일이 지체되거나 미뤄지면 극도로 흥분하며 부정적인 감정을 표출합니다. 어쩔 수 없이 신호등을 기다려야 하는 사소한 상황에서도 그렇습니다.

하지만 그들은 자신의 이런 성격을 제대로 알려고 하지 않고 고치려고도 하지 않습니다. 왜냐하면 그들에게 분노는 자신의 아킬레스건을 들키지 않고 스스로를 보호할 수 있는 중요한 보호막이기 때문입니다.

화를 내는 건 다른 방법이 없기 때문입니다

자신의 힘으로 어찌할 수 없는 상황에 부딪혔을 때 극도로 흥분하는 사람은 통제하려는 욕구를 가진 사람입니다. 그들은 주변의 모든 사람, 모든 일이 자신이 정한 '규칙'대로 움직이길 바랍니다. 만약 누군가가 자신이 정한 규칙에 따르지 않는데 그 상대를 어떻게 할 수 없다면, 그들은 그러한 현실에 굴욕감을 느낍니다. 그리고 그 사실을 들키지 않으려고 화를 냅니다.

문제를 해결할 수 있는 건 결국 자기 자신입니다

걸핏하면 화를 내는 사람은 자기 능력으로 해결하거나 통제할 수 없는 일에 부딪히면 '분노'라는 가면을 씁니다. 그리고 그 모습에 사람들의 시선이 집중되는 사이에 자신의 무능력한 모습을 감춥니다. 그렇기 때문에 남들의 충고에도 불구하고 이런 다혈질의 성격을 고치지 않습니다. 분노라는 방패막이 없어지면 자신의 가장 약한 모습이 남들에게 드러나고 말 테니까요.

그러나 '분노'로 시선을 돌리는 방법으로 자신의 약점을 잠시 숨길 수 있을지는 몰라도, 영원히 숨길 순 없습니다. 왜냐하면 분노는 아무 일도 해결하지 못하고, 그 일을 해결해야 하는 것은 결국 자기 자신이기 때문입니다.

56. 사랑하는 사람과의 관계가 삐걱대고 있다면

혼자만의 상상은 관계에 독이 됩니다

어떤 사람들은 애인 혹은 배우자의 하루가 자신의 예상대로 흘러가지 않을 경우, 가령 상대방이 온종일 연락이 없거나 예상치 못하게 늦게 돌아오기라도 하면 그가 날 사랑하지 않는다는 생각을 야금야금 키워갑니다. 그런데 희한하게도 정작 그런 제 생각을 겉으로 드러내지 않습니다. 대화를 통해 서로의 마음을 확인할 기회를 얼마든지 가질 수 있는데도 불구하고 말이죠.

사랑받지 못한다고 생각하는 사람을
정말로 사랑할 수 있을까요?

애인 또는 배우자가 전화 한 통 없이 늦게 귀가했다고 해서 바로 상대가 변심했다고 생각한다면 그 사람은 자신감이 없는 것입니다. 사실 상대가 연락 없이 늦게 귀가를 하게 된 것은 꼭 당신 때문이 아닐 수 있으며, 이유가 될 만한 상황은 수없이 많습니다.

설령 그 이유가 당신이라고 해도 당신을 더 이상 사랑하지 않아서가 아닐 가능성이 훨씬 많습니다. 어쩌면 그가 늦은 건 당신이 너무 큰 스트레스를 주고 있기 때문이라는 걸, 그래서 연락조차 하지 않았다는 걸 당신은 알고 있나요?

기회를 만들 수도, 없앨 수도 있는 건 바로 당신

자신의 '반쪽'이 연락 없이 늦게 귀가를 하거나 심지어 밤새 집에 들어오지 않는다면, 상대가 더 이상 날 사랑하지 않는다고 단정할 것이 아니라 일단 스스로를 반추해보십시오. '내가 혹시 나의 반쪽이 나를 사랑하지 않을 이유를 만들고 있는 것은 아닌가?' 하고 말입니다. 외도를 한다면 모를까, 퇴근 후 집으로 얼른 돌아가서 쉬고 싶지 않을 사람은 없으니까요.

아마 당신의 반쪽이 당신을 사랑하지 않는 것은 아닐 겁니다. 하지만 어쩌면 당신이 지금 당신의 반쪽이 당신을 더 사랑할 기회를 없애고 있을지도 모릅니다.

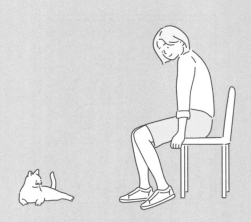

제8부

나를 끝까지 사랑해줄 사람은
나 자신뿐입니다

우리 모두는 나를 사랑하는 사람들이 나를 위해 모든 것을
희생해주기를 바랍니다. 하지만 정작 자기 자신이 그렇게까지
희생을 감수할 만한 가치가 있는 사람인지에 대해서는
고민해본 적이 없을 것입니다.

57. 당신의 관심을 이용하는 사람이 있다면

관심의 놀라운 힘

의사들은 일찍부터 관심의 중요성에 주목해왔습니다. 의사가 환자를 살뜰히 진찰하고 상담해주면 환자가 갖고 있는 육체의 병 뿐 아니라 마음의 병까지 특별한 물리적 치료 없이도 서서히 사라질 수 있다는 것을 알고 있습니다. 그 정도로 관심은 강력하고 소중합니다.

타인의 관심을 이용하는 사람들

어떤 사람들은 상대의 관심과 사랑을 얻기 위해 비굴해지기도 하고 일부러 안쓰러워 보이게 행동하기도 합니다. 그러다 원하는 대로 상대의 관심과 사랑을 얻게 되면 그 사람의 관심과 사랑이 당연하다는 듯이 행동합니다.

뿐만 아니라 다른 어떤 목적 때문에 타인의 관심과 사랑을 갈망하는 이들도 있습니다. 그들은 상대의 관심을 얻는 데 성공함으로써 자기의 목적을 달성하고 나면, 상대의 관심과 사랑을 다 쓴 일회용 휴지마냥 버립니다.

그런 사람을 알아볼 수 있었던 걸 감사합시다

상대가 나의 관심과 사랑을 일회용 휴지처럼 쓰고 버렸다고 해서 너무 씁쓸해할 필요는 없습니다. 왜냐하면 적어도 그로 인해 당신은 상대가 관심을 받을 만한 가치가 없는 사람이라는 것을 똑똑히 알게 되었을 테니까요.

상대가 나의 관심과 사랑을 목적 달성의 도구로 생각하는 것은 사실 오히려 기뻐해야 할 일입니다. 왜냐하면 적어도 당신의 관심과 사람을 갈구하던 사람이 진짜 원한 것이 무엇인지 알게 된 셈이니까요. 그 사람이 진짜 원한 것은 당신의 사랑이 아니라, 당신의 사랑을 이용해서 자신이 목적하는 바를 이루는 것이라는 사실을요.

58. 상대가 매번 내게 진심이길 바란다면

이해관계가 존재하지 않는 애정은 오래 가지 않습니다

사람들은 대개 나와 이해관계가 없는 사람에 대해서는 큰 관심을 가지지 않습니다. 그래서 그들이 자신에게 호감을 보여도 대수롭지 않게 생각합니다. 또 그런 경우의 호감은 대체로 오래 이어지지 않습니다. 왜냐하면 이해관계가 없는 사람은 정말 도움이 필요한 중요한 순간에 아무런 도움이 되지 못하기 때문입니다.

대다수의 사람들은 일이나 일상에서 자신과 긴밀한 관계를 맺고 있는 사람들로부터 관심과 애정을 얻고 싶어 합니다. 왜냐하면 그 사람들이 자신과 절대적인 이해관계를 갖는 존재이기 때문입니다.

누군가 당신의 관심과 사랑을 수용한다면
그건 모두 이해관계 때문입니다

사실 인간 사회에서 가족 이외의 사람이 당신의 관심이나 사랑을 수용한다면 그것은 모두 이해관계 때문입니다. 가령 인기 많은 연예인이 팬들의 관심을 수용하는 이유는 그 '인기'를 유지하기 위해서고, 정치인이 국민의 관심을 수용하는 이유는 '유권자의 표'를 얻기 위해서입니다. 인기가 필요 없고 표를 얻지 않아도 되는 사람이라면 타인의 관심과 사랑 따위는 아마 안중에도 없을 것입니다.

상대의 본심을 궁금해하지 마세요

상대가 나의 관심을 받아들인 이유가 단지 인기와 표를 얻기 위함이었다는 것을 알게 되면 큰 실망감이 들 수도 있습니다. 하지만 그것이 바로 인간의 본성입니다. 그 사실을 알게 됐다고 해서 자신이 좋아하는 사람을 더 이상 좋아하지 않을 수도 없습니다. 그러니 가장 현명한 방법은 내가 좋아하는 사람이 나를 좋아하는지 궁금해하지 않는 것입니다. 이 세상에 가족 이외에 그런 사람은 없을 테니까요.

59. 타인이 있을 때만 적극적으로 행동한다면

타인이 있을 때만 열정적인 사람

여러 사람과 함께 일할 때에는 적극적이고 열정적이면서, 혼자 일을 해야 하는 상황에서는 불안해하고 기운 없는 모습을 보이는 사람. 우리 주변에서 이런 유형의 사람을 종종 볼 수 있습니다. 혼자일 때 그들은 누군가 건네는 인사, 전화 목소리 등이 조금만 다르게 느껴져도 기분이 오르락내리락합니다.

타인이 인정해야만 자신을 인정하는 비극

사람들 앞에서 걸핏하면 '오버'를 하는 이들은 대체적으로 혼자 있는 시간에는 막막함을 느끼고 어떤 일을 해도 의욕을 내지 못합니다. 왜냐하면 이런 사람들은 그런 과장된 행동으로 타인에게 칭찬받고 싶어 하고 더 나아가 사람들에게 자신의 존재를 증명하고 싶어 하기 때문입니다. 그렇기에 자신에게 관심과 박수를 보내줄 관중이 사라지고 혼자가 되면 사람들 앞에서 보여주었던 적극적인 에너지 역시 사그라들어버리는 것입니다.

나의 존재감은 나 스스로 인정해주세요

타인의 격려와 응원이 우리에게 힘이 되는 것은 사실입니다. 하지만 모든 일에 임하는 태도가 타인의 격려와 응원에 좌지우지되어서는 안 됩니다. 그렇게 된다면 우리는 영원히 타인의 관심 속에서 살아야 하고 매순간 타인을 통해 자신의 존재감을 확인받아야 할

것입니다. 그러니 남들에게 의지해서 살아가지 마세요. 나의 존재
를 다른 사람에게 증명받으려 하지 말고 스스로 인정해주세요.

60. 고독에서 벗어나려 애쓰고 있다면

연애는 고독으로부터 벗어나기 위한 수단이 아닙니다

어떤 여자들은 곁에 남자가 없으면 외롭고 조바심이 난다는 이유로 연애를 합니다. 얼마 지나지 않아 그 연애가 끝이 나면 이전에 느꼈던 외로움과 불안감이 다시금 발현됩니다. 그러면 또 새로운 연애를 시작합니다. 그리고 이런 식의 과정이 계속 반복됩니다. 왜냐하면 그녀들이 남자를 곁에 두는 이유는 단지 외로움과 불안감으로부터 벗어나기 위해서이기 때문입니다. 이들의 연애에 사랑이라는 감정은 전혀 존재하지 않습니다.

연애의 상처는 연애로 치유한다?

한 연애가 끝나고 금세 또 다른 연애를 시작하는 사람은 우리 주변에도 많습니다. 그들은 지난 연애의 상처를 잊을 수 있는 가장 쉬운 방법은 또 다른 연애 상대를 찾는 것이라고 말합니다. 정말 그 말이 맞을까요? 사실 그렇지 않습니다. 왜냐하면 새로운 연애로 상처받은 마음을 치유하려는 남녀는 외로움이 만들어내는 초조함과 불안감으로부터 벗어나기 위해 그냥 누군가를 제 옆에 둘 뿐이니까요. 그들에게는 자신이 사귀는 사람이 평생을 함께 할 수 있는 사람인지는 중요하지 않습니다. 그렇기에 그 굴레에서 벗어나지 못하는 것일지도 모르겠습니다.

고독은 평생 함께 가야 할 친구

외로움 때문에 불안하고 초조한 기분을 느끼는 것은 누구나 마찬가지입니다. 하지만 외로움이 만들어내는 불안감과 초조함을 극복하는 방식은 사람마다 다릅니다. 어떤 사람은 끊임없이 일을 하면서 외로움을 잊기도 하고, 또 누군가는 끊임없이 연애를 하면서 외로움으로부터 벗어나려고 합니다.

외로움이 만들어내는 불안감과 초조함은 그것과 맞서 싸운다고 해서, 혹은 참고 견딘다고 해서 우리 인생에서 완전히 사라지지 않습니다. 그러니 외로움을 견디려고 하지 마세요. 우리는 죽는 순간까지 고독을 즐기며 고독과 함께 살아갈 수밖에 없습니다.

61. 의존하고 싶은 마음을 인정하지 못한다면

의존하는 마음에는 울분이 가득합니다

인간관계에서 남에게 의존하기만 하는 사람은 늘 마음속에 울분이 가득합니다. 의존하는 당사자는 자신이 남에게 의존하기 위해 어쩔 수 없이 비굴해져야 하는 상황에 거부감을 느끼면서도, 다른 한편으로는 상대를 잃을 것이 두려워서 어쩔 수 없이 계속 의존합니다.

하지만 그들은 자신이 느끼는 불안감이 이러한 상황을 초래한 줄은 전혀 모릅니다. 이 상황을 초래한 것은 자신을 비굴하게 만든 상대방이고, 그래서 어쩔 수 없이 마음속의 울분을 참고 있는 것이라고 한결같이 말합니다.

의존하고 싶지 않은 척하는 사람들

평범한 사람들은 체면 때문에라도 자신이 할 수 있는 일은 기꺼이 자기가 하려고 합니다. 그런 후에 어쩔 수 없을 때만 남에게 기대는 것이라는 인상을 주려고 합니다. 즉 자신이 남에게 기댈 수밖에 없음을 합리화하려는 것입니다.

예를 들어 다른 이에게 간병을 받아야 하는 사람이, 계속 도움을 거부하다가 마지막에 가서야 어쩔 수 없다는 듯 간병을 받아들이는 경우가 있습니다. 하지만 이런 사람들은 막상 간병인이 생겨서 그에게 의지하기 시작하면 그를 잃을까 매우 두려워합니다.

의존하기, 그리고 의지할 수 있는 사람 되기

우리는 그렇게 나약한 존재들입니다. 그러니 만약 누군가에게 의존함으로써 당신이 원하는 관심을 받고, 또 이전에는 느껴보지 못한 안정감을 느낄 수 있다면, 남에게 의존했을 때 어떤 후유증이 생길지를 미리 걱정할 필요는 없습니다.

그보다도 남에게 의존하기 전에 당신이 의존하려는 사람은 당신이 그에게 의존하는 것을 원하는지, 그리고 당신 역시 상대가 의지할 수 있는 사람이 되어줄 수 있는지를 먼저 고민해야 할 것입니다.

62. 탐욕에 휘둘리고 있다면

탐욕은 오랫동안 감정을 억눌러서 생긴 후유증입니다

탐욕은 불만족의 총체적인 표현입니다. 혹은 오랜 시간 억압된 감정이 갑작스럽게 폭발하는 것입니다. 가령 평소에 옷을 사는 것을 매우 절제해온 사람의 경우 오랫동안 억눌러온 옷에 대한 욕구가 불안한 상태에서 폭발하면 단숨에 열 벌이 넘는 옷도 사들일 수 있습니다.

하지만 오랫동안 감정을 억눌러온 사람도 사랑받고 있다는 느낌을 받고 성취감 또는 안정감을 느끼게 되면 그들의 내면에 잠재

돼 있는 탐욕감이 점점 줄어들다가 완전히 사라지기도 합니다. 식탐이 많아서 밥 먹는 시간만 기다리던 아이가 어떤 흥미로운 일에 푹 빠지면 배가 고픈지도 모르게 되는 것처럼 말입니다.

누구나 마음속에 보이지 않는 탐욕을 갖고 있습니다

누군가는 이렇게 말합니다. "결혼 전에 행동거지가 반듯하고 남녀관계가 문란하지 않은 남자들이 결혼 전 바람둥이였던 남자들보다 결혼 후에 탈선할 확률이 높다." 그렇게 말하는 이유는 결혼 전에 '바른 사나이'였던 남자들은 오랫동안 스스로를 억압해와서 어떤 유혹이 다가왔을 때 더 쉽게 넘어갈 수 있다고 생각하기 때문입니다.

이는 우리에게 또 하나의 사실을 말해줍니다. 누구나 마음속에 탐욕을 갖고 있다는 사실 말입니다. 단지 평소에는 우리의 이성이 그것이 발현되지 못하도록 억압하고 있어서 드러나지 않은 것뿐입니다. 대신 이성을 잃게 만들 정도의 유혹에 부딪혔을 땐 내면에 억눌려 있던 탐욕을 더 이상 제어할 수 없게 되어버립니다.

지진처럼 탐욕도 적절하게 그 에너지를 방출해줘야 합니다

누구나 마음속에 탐욕을 갖고 있습니다. 탐욕도 지진처럼 적절하게 그 에너지를 방출해줘야 올바르게 통제할 수 있습니다. 이를테면 예쁜 옷을 입고 싶다면 이따금씩 친구와 함께 새 옷을 사러 가고, 술을 좋아한다면 가끔씩 가까운 사람들과 만나서 술 한 잔 기울이러 가세요.

오랫동안 억누르기만 하고 에너지를 방출하지 않으면 결국 쌓이고 쌓이다 못해 터지게 될 것이고, 그렇게 되면 정말로 나 자신도 통제 불가능한 상태에 빠질 수 있기 때문입니다.

63. 연애에 실패하여 폭식 중이라면

스스로를 괴롭히는 방식의 보상

연애에 실패한 사람들은 '사랑을 향한 갈증'을 종종 미친 듯한 쇼핑이나 정신없이 먹어대는 음식으로써 보상합니다. 예를 들어 어떤 사람은 실연을 당하면 음식을 끊임없이 먹어 체중이 삽시간에 20~30킬로그램 불어버립니다. 그러다 새로운 사랑을 시작하면 다시 체중을 관리하고, 새롭게 시작한 그 연애가 끝이 나면 다시 폭식을 하고 체중도 다시 불어납니다.

사실 원래의 나로 돌아가는 것뿐입니다

먹는 것으로 이별의 상처를 치유한다는 것은 연애에 실패해서 강박적으로 음식을 먹어대는 보상 행위를 좋게 포장한 말에 불과합니다. 사실상 당신은 그저 연애에 실패하기 전, 아니 연애를 시작하기 전 원래의 당신 모습으로 되돌아온 것뿐입니다. 누구나 연애를 시작할 때는 상대 앞에서 완벽한 모습만 보여주려 하기 때문에 연애하기 이전의 나는 꽁꽁 숨겨둔 채 드러내지 않습니다. 연애를 하기 전에는 삼시세끼를 다 챙겨 먹던 사람이 연애하고부터는 한 끼만 먹는다 하더라도, 그 연애가 끝나는 순간 여지없이 원래의 자기 모습으로 되돌아올 것입니다.

실패해도 괜찮아요.
단 무엇 때문에 실패했는지는 알아야 합니다.

자신이 원치 않는 상황에서 관계가 끝났을 때 공허한 마음을 어떤 방식으로 채우든 괜찮습니다. 미친 듯이 물건을 사들이거나 폭식을 하는 것도 그런 방법들 중 하나일 테고요. 하지만 스스로에게 보상을 줄 때 반드시 고민해야 할 것이 있습니다. 나는 왜 이 연애에 실패한 것인지 원인을 생각해봐야 합니다. 그렇지 않으면 당신은 연애와 실연을 반복하는 악순환의 늪에서 벗어나지 못할 것입니다.

64. 희생이 사랑이라고 착각한다면

참된 사랑에는 희생이 따른다?

무조건적인 사랑은 사랑받고 싶다는 소망을 이루기 위해 모든 것을 기꺼이 희생하는 것입니다. 이런 생각을 가진 사람들은 누군가 나를 위해 희생하고 있다는 느낌을 받을 때 비로소 상대의 사랑이 '참된 사랑'이라고 믿습니다. 그 희생은 돈, 시간, 감정일 수도 있고, 내가 가장 힘든 순간에 반드시 내 편에 서주는 것일 수도 있습니다. 가령 어떤 엄마들은 당연하다는 듯이 자녀들의 무조건적인 헌신을 기대합니다. 왜냐하면 그녀들은 자신이 겪은 고통이 없었다면 자녀도 존재할 수 없을 것이라고 자부하기 때문입니다.

나는 누군가를 희생시킬 만큼 위대한 사람이 아닙니다

우리는 나를 사랑하는 사람들이 나를 위해 어떤 희생도 감수해주기를 바랍니다. 하지만 정작 상대가 그렇게까지 희생할 만큼 자기 자신이 가치가 있는 사람인지에 대해서 고민해본 적이 있나요?

앞서 언급한 엄마들처럼 자신이 아주 위대하다는 생각은 버리세요. 자녀가 당연히 나를 위해 무조건적으로 헌신하고 희생해야 한다는 생각도 버리세요. 다른 사람은 자기가 희생할 만큼 당신이란 사람이 가치가 있다는 생각이 들지 않으면 아무리 강요해도 당신을 위해 희생하지 않을 것입니다.

아무도 나를 위해 모든 것을 희생하려 하지 않는다 해도
실망하지 말아요

누구나 나를 위해 모든 것을 희생해줄 수 있는 사람이 있기를 바랍니다. 하지만 그건 불가능한 일입니다. 또 설령 당신이 그만한 가치를 지녔다고 할지라도 상대가 꼭 당신을 위해 모든 것을 희생하리란 법은 없습니다. 그런데도 우리는 왜 자꾸 나를 위해 모든 것을 희생해줄 사람이 있는지 없는지에 집착하는 것일까요?

설령 정말로 나를 위해 기꺼이 모든 것을 희생하는 사람이 있다고 칩시다. 그 사람이 정말 오롯이 나만을 위해 모든 것을 희생하는 것일까요? 어쩌면 당신이 갖고 있는 권력 혹은 돈이 먼 훗날 자기 자신에게 도움이 될 것이란 생각에 미리 희생으로 당신 옆자리를 맡아두려는 것일지도 몰라요. 그러니 아무도 나를 위해 모든 것을 희생하려 하지 않는다 해도 실망하지 마세요.

옮긴이 | 유연지

경기대학교 화학과 및 중어중문학과를 졸업하고 서울외국어통번역대학원 중국어
순차통번역학과를 졸업했다. SK China, 과학기술정책연구원(STEPI)에서 중국어
통번역 및 연구원으로 재직했으며, 통번역 에이전시에서 중국어 한중/중한 리뷰
어로 재직했다. 현재 번역 에이전시 엔터스코리아에서 출판기획 및 전문 번역가
로 활동하고 있다. 주요 역서로는『침묵의 열쇠 1-11권 시리즈』(eBook)『관우의
마음에서 배우다』『엉뚱발랄 동자승 마음일기』등이 있다.

내 감정은 내가 지키겠습니다

초판 인쇄   2020년 3월 10일
초판 발행   2020년 3월 20일

지은이 왕궈화
옮긴이 유연지
펴낸곳 다른상상

등록번호   제399-2018-000014호
전화   031)840-5964
팩스   031)842-5964
전자우편   darunsangsang@naver.com

ISBN   979-11-90312-08-0 03320

잘못 만들어진 책은 바꿔 드립니다.
책값은 뒤표지에 있습니다.

이 도서의 국립중앙도서관 출판예정도서목록(CIP)은 서지정보유통지원시스템
홈페이지(http://seoji.nl.go.kr)와 국가자료종합목록 구축시스템
(http://kolis-net.nl.go.kr)에서 이용하실 수 있습니다. (CIP제어번호 :
CIP2020004479)